品牌之路——

因为相信，所以看见。

江南春

人心红利

存量博弈下的
企业增长方法论

江南春 著

中信出版集团 | 北京

图书在版编目（CIP）数据

人心红利：存量博弈下的企业增长方法论 / 江南春著. -- 北京：中信出版社，2021.1（2025.7 重印）
ISBN 978-7-5217-2547-6

Ⅰ. ①人… Ⅱ. ①江… Ⅲ. ①品牌营销 Ⅳ. ① F713.3

中国版本图书馆 CIP 数据核字（2020）第 247048 号

人心红利——存量博弈下的企业增长方法论

著　　者：江南春
出版发行：中信出版集团股份有限公司
（北京市朝阳区东三环北路 27 号嘉铭中心 邮编 100020）
承 印 者：河北鹏润印刷有限公司

开　　本：880mm × 1230mm　1/32　　印　　张：8.75　　字　　数：205 千字
版　　次：2021 年 1 月第 1 版　　印　　次：2025 年 7 月第 18 次印刷
书　　号：ISBN 978-7-5217-2547-6
定　　价：56.00 元

推荐语

产品质量的优势保证已不足以让企业在今天激烈复杂的市场竞争中稳操胜券。品牌化是中国企业发展的必经之路，消费者对品牌的认知度是影响消费决策的重要因素。《人心红利》是江南春深耕品牌营销领域多年的理论和实践的用心总结，阐述了品牌突围的方法和方向，无论对企业家还是品牌营销行业的从业者，都是智慧锦囊。

冷友斌　飞鹤乳业董事长

在“双循环”新发展格局下，商业进化狂飙突进，市场竞争空前激烈。拥有强大品牌价值的头部企业，具有更强劲的市场竞争力和更宽广的竞争护城河。与此同时，疫情之后中国消费者的消费观更加理性和成熟，品牌自信越来越强，中国品牌将迎来大潮奔涌的新时代。相信《人心红利》的应运而生，会给更多企业家带来启发，帮助他们赢得用户心智选择，在后疫情时代行稳致远。

高德康　波司登创始人、集团董事局主席兼总裁

《人心红利》是江南春在品牌营销领域数十年丰富实践的经验总结，其中体现了他长期以来在品牌营销实践中的独特理解和思考，既有深入浅出的理论阐述，也有翔实落地的案例实操，值得大家学习借鉴。

姚劲波　58 同城首席执行官

一个全新的品牌在推出时，用有限的资源快速聚焦引爆市场、在顾客心智中占位，是所有企业家都在寻找的金钥匙。很荣幸，妙可蓝多在启动奶酪品牌建设之初，就得到了江南春老师的指导。我们在关键节点上做了正确的事情，短短两年的品牌建设，快速把妙可蓝多打造成了中国奶酪第一品牌。《人心红利》就是这把金钥匙，系统地阐述了中国品牌如何打赢抢占消费者心智的终极战争，在很多问题上提供了可行的解决方案和路径，是一本难得的适合中国企业学习和借鉴的营销宝典。

柴琇　妙可蓝多创始人、首席执行官

经历了新冠疫情的洗礼，中国的企业家更加深刻地懂得了品牌力在关键时候甚至能决定生死，只有加强品牌力的打造，才能带领企业从逆境中胜出。多年来，江南春和分众传媒始终深耕中国品牌的助推和引爆，这种持之以恒一点一滴地影响着中国商业社会的格局变化。

曹国伟　新浪董事长、首席执行官

分众已经成为中国品牌的集中展示地，在服务大量公司客户的过程中形成了一套比较完善的差异化竞争的方法论。《人心红利》是江南春在品牌营销领域数十年丰富实践的经验总结，将助力更多企业在这场竞争中实现品牌突围。

谢伟山　君智咨询董事长

在所有取得重大成就的企业家朋友当中，江南春是罕见的仍然把大部分时间用于与客户面对面、几乎天天泡在市场上，而且多少年一贯制的人。这大概也是他能够做到人如其名、四季皆春的重要原因吧！近距离接触，你会发现分众这家公司持续升级的背后，是它的掌门人智慧、格局和心性的持续放大和升级。《人心红利》这本书，给我们呈现的正是这两大升级的精彩历程和核心密码。

刘东华　正和岛创始人、中国企业家俱乐部创始人

在中国的商业市场中，江南春无疑是一位独树一帜且令人尊敬的企业家。他把电梯广告作为一个产业，让大家见证了其从呈现到形成商业模式的过程，并且完成了迭代与创新。同时，江南春不仅建筑自己的商业模式，也一直乐于传递和分享他的商业智慧，这本书正是对这些体悟的一次总结。看一位出色的企业家如何以他的视角和经验阐释当前中国市场的底层逻辑，总结提炼可操作的方法论，《人心红利》值得反复阅读。

吴晓波　知名财经作家

这些年来，江南春孜孜不倦地四处讲演传播定位思想，对在中国普及定位理论贡献巨大。电梯里的分众广告大多也都带有定位的视角，获客效率更高。这些都是江南春的功劳，他帮助许多企业家了解定位的原理，帮助他们的企业更好地和用户沟通，让用户能够更清晰地认知和接受企业的独特价值。许多企业正是从分众的电梯广告起步，在用户心智中占据优势位置，进而成长为超级品牌。《人心红利》是这些智慧和案例经验的重现，值得每一位品牌经营者深度品读借鉴。

邓德隆　特劳特伙伴公司全球总裁

目 录

第六章 市场中不同位置的不同打法

第七章 品牌是道，流量是术

第八章 不同类型品牌的突围之路

前言

2020，“归零归零”

2019 年，中国两个红利结束了：人口红利结束了，很多行业进入存量博弈；流量红利结束了，流量成本持续上升，流量天花板开始出现。

可以预见，一个品牌回归的大时代正在开启，红利见顶，品牌决战。

产能过剩，存量博弈，我们正在进入消费者主权时代。

生产端、渠道端是基础设施，拥有优质生产端和广泛渠道端的公司无疑率先一步进入了决赛，谁能赢得消费者的最终选择，取决于谁能最先在消费者心智端建立起“选择你而不选择别人的理由”，建立起品牌的认知优势和溢价能力。没有消费者的指名购买，市场就会陷入价格战、促销战，企业则最多只有工厂利润，不会有品牌超额利润。

轻松的好日子过去了，决赛开始了，得人心者得天下，品牌两极分化，马太效应尽显。

在流量红利时代，只要抓住每一次的流量红利，不管是个人还是企业，都会取胜。

GMV（成交总额）= 流量 × 转化率 × 客单价 × 复购率，这是基本公式。但在电商领域，流量运营（精准分发、流量洼地、私域裂变等）很重要，企业能否真正赚钱取决于品牌自带流量的比例，品牌才是持续免费的流量。

许多人认为转化率的高低取决于价格，殊不知转化率同样依赖于品牌的知名度和认知度。而客单价的核心则在于品牌是否有溢价能力，在流量成本持续上涨的今天，企业品牌的信任度、美誉度，品牌带给消费者的情感共鸣或身份认同，才是品牌溢价的来源。品牌有溢价，企业才有机会跑赢流量成本上升带来的经营困局。

表面上看，这些都是流量问题、技术问题，其实背后更多的是品牌问题、人心问题。

流量只是品牌赢得人心的结果。

淘宝为什么有流量？因为它在消费者心智中是“万能的淘宝”，不管你想买什么东西，在淘宝上都能找得到。天猫为什么有流量？因为它的商品在消费者心智中是“100% 正品”，品牌旗舰店都能在天猫找到。京东为什么有流量？因为它在消费者心智中就是送货快，上午下单，下午就收货。

在红利时代会出现许多淘品牌、网红品牌，它们第一时间赢得流量红利并迅速壮大。但网红品牌要想成为值得大家信赖的公众品牌、明星品牌，并登堂入室、占据主流人群的心智，尚需“惊险”一跃：一方面是破圈，即打入主流用户视野，取得广泛的知名度与认知度，而非只是成为粉丝们一时喜爱的品牌，这是品牌做大的必由之路；另一方面就是品牌信任度和品牌势能的不断提升。

流量平台通常都有一种致命的吸引力，让品牌通过降价大促来取得转化率的提升，久而久之，品牌的溢价能力就被打掉了，品牌应有的利润也被价格战、促销战、流量战的成本上升所吞噬。

企业没有品牌力，没有溢价能力，就不会有好的利润率，纵使你的精准营销能力再强、流量运营能力再高，也摆脱不了为平台打工的命运。

因为你的流量算法永远比不上流量平台的算法。企业要有品牌算法，关键是“算准人心”。

如何算准人心？我总结了三个方法。

第一个方法是“逼死”老板，让老板只用一句话说出消费者选择你而不选择竞品的理由，这句话一定是你的品牌在市场上取得优势的根本原因。

第二个方法是寻找销售冠军。销售冠军之所以能成为销售冠军，一定是他有意无意间对消费者说对了什么，掌握了能够快速拨动用户心弦的技巧。

第三个方法是访谈忠诚用户，听听他是如何向别人推荐你的品牌的，他一定有一个选择你而不选择别人的理由（无论是功能的还是情绪的）。

抢占人心的品牌定位一定是三点合一的，它既是你的产品优势点，也是你与对手的差异点，还一定是消费者的痛点。

一个正确的抢占人心的定位，一定是顾客会认（符合顾客原有认知），销售会用（有现场说服力），对手会恨（直击对手痛处）。

有了一个像钉子一样尖锐的定位，就需要一个像榔头一样有力的传播工具，将定位的钉子打入消费者大脑。过去十年，特别是过去五年，城市主流人群花在传统媒体上的时间大幅下降，获取信息是通过微博、微信、新闻客户端了，但他们在手机上主要看内容，很少留意广告。娱乐内容都去看网络视频，城市主流人群看长视频都买会员去广告，看短视频遇到广告可以随手一秒刷过。

所以要引爆品牌、引爆城市主流人群，只有两种方式并用：一种是海量种草，在“双微一抖”（微信、微博、抖音的简称）上做内容营销，做内容、做话题，创造可以被传播、被关注的品牌社交内容；另一种是场景营销，就是抓住城市主流消费者真实的、必经的生活场景（如公寓楼、写字楼、高级影院）、封闭的空间（如电梯、电影院），进行高频强制的触达。

从用户在生活场景中完成对企业品牌的认识、认知，到用户在社交平台上搜索相关信息，看到该品牌粉丝的笔记评论，实现进一步的认同，再到电商平台通过精准分发，最终用户实现认购，“双微一抖”的内容营销和以分众传媒（以下简称分众）为代表的场景营销，已经成为这个时代品牌引爆的核心法则。

“双微一抖”是一对一精准化的私密沟通，而分众是一对N多人的广场化、中心化的品牌势能引爆，两者相辅相成。

分众电梯媒体无疑是这个时代品牌引爆的核心平台，是改变市场格局的战略性资源，这些年来助推了饿了么、瓜子二手车、猿辅导、京东金融等一大批互联网公司的品牌引爆，也助推了飞鹤、波司登、洽洽、妙可蓝多、元气森林等一大批消费品公司的品牌引爆。

要把战略级资源押给那些真正能打赢市场的龙头企业，押给那些真正有雄心、有勇气的创新企业。

未来，在成熟的行业中，龙头企业通过持续大量的品牌投入将不断拉开与同行的差距，形成寡头效应；但龙头品牌如果漠视时代和消费者端的变化，漠视消费升级的大潮，没有为消费者提供新的消费理由，就有可能被淘汰。

品牌进入成熟期后，由于行业同质化程度高，非常容易陷入价格血战，从而导致品牌投入减少，进入恶性循环；或者品牌持续投入，但高知名度不带来高增长率，品牌集中度不提升，这需要品牌重新定位，重现青春活力。

例如波司登，2018 年经过深度调研战略性选择放弃品牌延伸、放弃男装女装，集中核心资源重新聚焦定位全球热销的羽绒服专家——“专注羽绒服 42 年，畅销全球 72 国”，再一次夺回了主流人群市场。同样，九牧王作为中国男裤第一品牌，在 A 股上市后延伸至男装，在过去几年中未能实现突破式成长，2020 年重新聚焦定位全球销量领先的男裤专家，凭借自身掌握的 1200 万人体数据，将男裤做得更舒服、更修身，重塑品牌给消费者的购买理由，仅国庆节就实现了全国同比 40% 以上的增长，开始迈向全球裤王之路。

目前排在行业第二位至第十位的企业品牌，要勇于变革，与行业老大走相反的路，把老大的优点变缺点。比如当年的飞鹤，面对众多领先的国际大品牌，针对性地提出“更适合中国宝宝体质”，从而赢得了中国用户的青睐，年营收从过去的 30 多亿元涨至 2019 年的 137 亿元。

国货新消费品牌的崛起，成为消费升级时代的另一场盛宴。它们能够崛起的核心是开创和引领了新的品类，例如小仙炖开创了鲜炖燕窝的新品类，元气森林开创了“0 卡 0 脂 0 糖”的果味苏打气泡水新品类。

妙可蓝多不是儿童奶酪棒的开创者，法国百吉福才是，但品类领导者未充分教育市场、开拓市场，发展中国市场十年才做到10亿元。妙可蓝多抓住品类无认知的机会，广告饱和攻击，最终实现引领儿童奶酪棒的市场拓展，短短两年就反超百吉福成为行业老大，而且开创出一个数百亿元的奶酪棒市场。同样，瓜子品牌洽洽以“小黄袋”这一单品杀入每日坚果行业，利用每日坚果行业品牌认知缺乏的窗口期，广告饱和攻击，迅速超越同行成为每日坚果行业的老大，占据了这个品类的消费者心智认知。

“现代管理学之父”彼得·德鲁克认为，企业只有两个基本功能：第一是开创差异化的产品与服务，第二就是通过品牌营销成为顾客心智中某个领域的首选。

近年来业界最流行的一种说法就是“品效合一”，这其实是个伪命题。品牌广告是长期效应，是累积效应，而流量效果广告则追求短期效应，这两者很难合一。所以，我一直提“品效协同”。

传统广告的最大弱点是不知道谁看过广告，无法对广告效果进行量化评估（这并不意味着它没效果，只是不易衡量）。现在，分众电梯广告改变了这一切。分众可以将信息回流至天猫数据银行，通过大数据分析出谁看了这些广告，是否关注、收藏、产生兴趣，是否有购买，同时在线上可以利用效果广告二次触达，产生更好的转化。

“品”和“效”是不能合一的，但通过数据打通，“品”与“效”是可以协同的，甚至还可以缩短“品”与“效”的时间周期。

与此同时，到底哪些社区、写字楼对哪些品类、品牌更有购买兴趣和意向？天猫的购买数据又可以反向指导品牌广告的精准化投放，投放之后的效果反馈又可以帮助品牌广告更新创意，精准规划投放的周期、投放的力度，让品牌效率倍增。

这个市场是动荡的，更动荡的是人的内心。每天有无数个新名词出现和消失，人们在无数种诱惑和无数次尝试中迷路。变化重要，不变的东西更重要，大多数人强调变化的重要性，而少数人抓住了不变，就像亚马逊创始人杰夫·贝佐斯说的："我不知道十年以后世界会怎么变，但我知道十年之后什么是不变的。"专注不变让我们洞悉商业本质、人心本质。拥抱变化让我们不断用新技术、新数据、新算法优化流量效率和连接能力。人心与流量，是硬币的两个面，协同才能创造更大的价值。

不确定的永远是环境，确定的是你的内心，要用确定的逻辑打赢不确定的市场。

德鲁克说：在一个动荡的时代，最大的风险就是按照原有的模式前进。本书是近几年我对品牌和营销的一些思考，整理出来与大家共勉。为了让读者更好地了解市场形势和趋势，我还在每一章之后附加了我认为非常有价值的内容作为延伸阅读，同时吴晓波频道的《2020 消费品牌增长洞察报告》也为我提供了很多帮助，所以将完整报告作为附录，一并提供给读者。期待这些观点能带给读者一些启发，在充满机遇的中国市场找到行业破局之路，制胜下一个十年。

第一章

环境已经变了

市场环境变化了

中国的两个红利已经结束：人口红利结束，变成了人口焦虑；流量红利结束，变成了流量焦虑。被红利的东风推着前进的好时代结束了，未来要靠自己“主动增长”！

2020年，我们面临的巨大挑战，并不仅是新冠肺炎疫情的突袭。

新冠肺炎疫情只是一个暂时的黑天鹅事件，虽然这只“黑天鹅”延展覆及全球许多国家和地区，但它所造成的经济下行其实是相对短期的。

然而，疫情在中国各城市和地区都得到了有效控制之后，人们对于未来长期经济问题的担心，却变得越来越沉重。

事实上，从2019年起，很多企业就已经感受到了巨大的压力。因为从2019年起，中国企业界、经济界就进入了一个“流感时期”，并且极具传染性。从中国本土的很多投资人和企业家，到在中国经营管理的合资企业或外资企业的投资人和企业家，以及身在国外、隔海观望的投资人，他们嗅觉灵敏，大都已经明显感受到了一股无形且巨大的压力正在慢慢地逼近。

中国的两个红利已经结束

2019年的这场“经济流感”的背景，是中国有两个红利结束了。

一个是人口红利结束，变成了人口焦虑。

根据毕马威中国联合泰康保险集团在 2020 年 8 月发布的《2020 年中国大健康产业财税热点报告》，2000 年至 2018 年，中国人口出生率从 14.03‰ 降至 10.94‰（见图 1–1），中国人口平均预期寿命从 71.4 岁升至 76.34 岁。

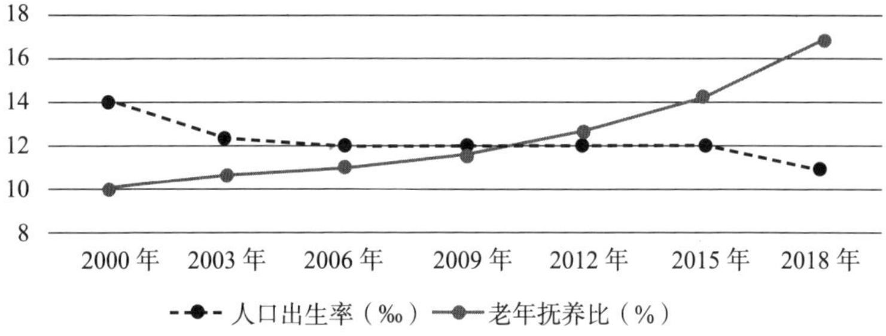

图 1–1　中国人口出生率及老年抚养比

数据来源：国家统计局。

按照目前中国的人口出生趋势，25 年以后，中国可能只有七八亿人，而且老龄化趋势越来越明显。过去中国经济依靠人口红利驱动的增长，现在已经发生了很大的改变，并将在未来一段时间内消失。

另一个是流量红利结束，变成了流量焦虑。

如今，移动互联网的使用人数和使用时长的增长已经到了极限，几乎没有增量了，用户渗透率基本见顶，同时流量成本在遏制不住地持续上升，移动互联网进入了下半场。

其实从1992年开始创业至今，我认为我们这一代创业者都很幸运，因为我们这么多年都走在一个中国经济的增量市场当中，企业更多是在改革开放后飞速发展的中国市场推动下的“被动增长”。但是今天，我们必须要非常冷静，仔细看清眼前的变局：从2019年开始，我们正式进入了一个存量博弈的时代。

存量博弈，会给中国本土企业带来一个很大的挑战。这一挑战会导致中国本土企业固有的问题更加严重，导致形势更加严峻。因此，中国的大多数企业都有两个特征。

第一个特征是“创新不断，模仿不止”。中国人的创新力非常强，中国的国际专利总数近十年来一直稳居世界第一。但是，中国人的模仿能力更强，一旦有一家企业成功创新，发明了新的模式或造出了新的产品，其他投机取巧的企业或个人就会像鲨鱼闻到血腥那样，迅速往这里游来，从而导致由创新开发出来的商业蓝海迅速变成红海。

从现实情况来看，创新给首创企业带来的“时间窗口期”正在变得越来越短，很可能首创企业成功创新后，3个月、6个月，至多不会超过一年，就会有其他企业杀进市场，采用相同的模式，提供类似的产品。在这种情况下，行业中企业“同质化”成为一种必然趋势，特别是在消费品市场，因为消费品市场很少有所谓的“不可逆”的知识产权，同质化就更加明显。

市场本来就已经没有什么增量了，存量博弈下的同质化又越来越严重，这带来的结果就是中国多数企业的第二个特征：“量价齐杀。”

很多企业为了短期利益，认为可以率先通过降价来换取增量，可这一举动实际引发的后果是市场中的同行像是被传染似的，都争先恐后地开始降价。

价格战、流量战打响，导致企业利润越来越薄，甚至出现大面积亏损。参与恶性竞争的企业现金流不支，越来越难以摆脱这一潭泥沼，陷入恶性循环。而这场传导过程，已经成为中国企业面临的越来越严重的困局。

由于新冠疫情，很多中小企业遭受大量损失、业绩崩盘，一定会有更多的清理库存、跳楼杀价的行为发生。甚至一些陷入困境的企业可能为了解决现金流的问题，面对企业的生死存亡，选择无理性、无底线的清货方式，扰乱市场。我认为，这才是众多企业家心里挥之不去的不安和恐惧。

但同时，我们也看到在这个时代，强者恒强，真正在营收和利润上持续跑赢行业的，还是那些大品牌。这些品牌具备足够的消费者心智优势以应对模仿者的进攻，具备足够的溢价能力以应对扰乱市场的价格战，更具备足够的免疫力以应对黑天鹅危机。

这次疫情催化了“马太效应”，加速了市场格局的变化。很多缺乏竞争力的中小企业，可能慢慢在危机中需要提前退出市场，这是必然现象。

新冠疫情加剧了整个市场的波动，加剧了企业对现金流的恐慌，同时，也会加剧整个市场品牌的聚集度。

“被动增长”的风没有了，我们每一家企业、每一个人开始积极寻求“主动增长”。

大家被中国市场的高速增长推动、不断向前发展的十五年红利期已经结束了。未来十年，中国市场依旧会充满机遇，但我们要依靠主动成长才能赢得增长。

2019 年是很有挑战性的一年，也是过去十年对中国企业具有转折意义的一年。就像阿里巴巴前总参谋长曾鸣教授说的——“容易赚的钱没了，往后大家都得做更辛苦的事”。

新冠疫情使整个中国经济遭受了前所未有的剧烈冲击，但中国是强大的，中国的疫情也以震惊世界的速度得到了有效控制。

我觉得五年之后我们回看这次疫情，应该是中国经济的一个分水岭。

消费市场将加速分化，企业也将加速分化。还在每天想价格战、在中低端市场血拼的企业，利润会加速下滑，每年的生意会越来越难做，而那些锁定中国 4 亿中等以上收入阶层消费者，用匠心品质和创新理念开创差异化价值，并把握住时间窗口引爆品牌、引领潮流的企业一定会改变市场格局，赢得定价权，主导市场标准，主导市场份额。

希望这次疫情让大家停下来思考。“不要浪费任何一场危机”，这场突如其来的疫情让我们更加清醒，把我们的工作方式、生活方式、精神世界都做了一次根本性改变，让企业的认知回归常识和本质：什么是你拥有的，什么是你要的，什么是你可以放弃的，什么是你生意长期发展的核心。

新市场环境下，本土企业的两点思考

市场环境变了，但是从某种角度来看，这是时代给予我们的重大机会。在当前的市场环境下，中国本土企业应该清晰地洞悉两点。

第一，品牌效应已经成为企业经营中更为关键的因素。

存量领域的博弈和增量领域的博弈存在明显的不同，由于存量市场大都被中高端或者知名度较高的国民品牌所占据，因此这些领域的品牌厮杀也更为激烈。

波司登羽绒服就是一个国产老品牌在存量市场中“搏杀”胜出的典型。随着波司登的强势崛起，我们可以想象得到，和以前波司登定位相仿的国产品牌、价位类似的优衣库等国际品牌，必然会受到市场的挤压。

第二，新一轮的消费品崛起已经开始。

从 2018 年底开始，宏观经济环境的变化冲击到了很多互联网企业，其影响在 2019 年比较明显，于是 2019 年互联网一级市场的整体投资额下降了一半以上。这在分众的客户结构中就有明显体现。

原来，互联网公司的业务量占分众总业务量的近 50%，但是到 2019 年底，这个数字已经降到 20% 多。同时，消费品公司业务量却在迅速增长，这一轮的消费品崛起使占比大幅上升至近 40%。

互联网公司投放水平的下降，意味着互联网消费已经进入了下半场，投资市场开始向消费品公司聚集，消费升级带动了新一轮的消费品崛起。

行业格局变化了

品牌力才是企业真正的免疫力——品牌是资产，但无形资产在日常经常被人忽视。这次新冠疫情让我们发现，品牌是保险，关键时候可能是救“命”的，是决定生死的。

毫无疑问，新冠肺炎疫情过后，行业格局势必会发生很大的变化。

新冠肺炎疫情给中国绝大多数企业都带来了不同程度的冲击，很多企业面临着生死存亡的问题，大量企业的现金流可能熬不过几个月，更有相当大一部分小企业甚至直接关门破产。这些企业退出市场后，市场必然会空出一块份额。这时候，头部企业、优秀企业则会借机扩大自己的市场份额。

非常时期，营销支出首先被砍是正确的吗

在市场研究公司 Marketing Sherpa 几年前采访的 407 名首席财

务官中，约有一半的受访者表示，公司若削减预算，首先被砍的是营销支出。事实是，在行业比较萧条的时候，企业的成本预算会随着经济动态做出及时调整，收缩预算是企业应对经济下行时一个再正常不过的条件反射。

新冠肺炎疫情发生之后的市场数据也印证了这一点。

WARC Data 2020 年 5 月公布的《全球广告趋势报告》显示：新型冠状病毒肺炎事件后，各品牌削减了 500 亿美元的全球广告支出；预计 2020 年全球广告支出将下降 8.1%，降至 5630 亿美元；预计美国广告市场在 2020 年下降 3.5%。

再来看看中国广告行业的变化。

从 CTR 媒介智讯 2020 年 1—6 月的监测数据来看，自 2020 年 1 月 22 日武汉封城开始，广告业就出现了非常大幅度的下滑（见图 1–2）。随着疫情的逐步稳定，市场也慢慢出现转机，但整体上依然呈现负增长。

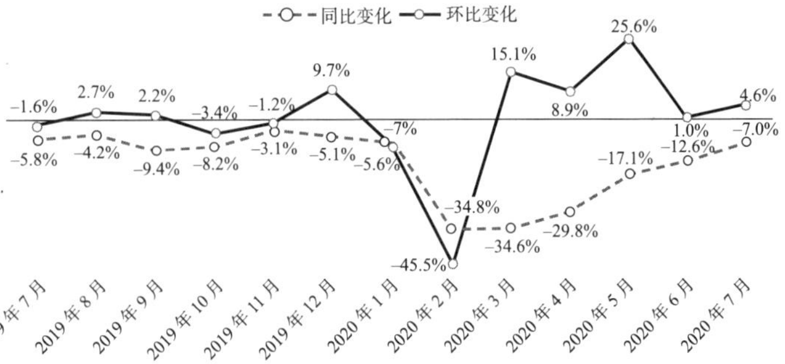

图 1–2　2019 年 7 月—2020 年 7 月广告刊例花费变化

数据来源：CTR 媒介智讯。

根据 CTR 的数据，2020 年 9 月广告市场整体刊例花费环比上涨 8.2%，同比上涨 1.1%（见图 1–3）。从各广告渠道表现来看，电视、报纸、杂志、广播的同比都呈下滑态势，但电梯广告和互联网仍保持同比较大幅度增长。

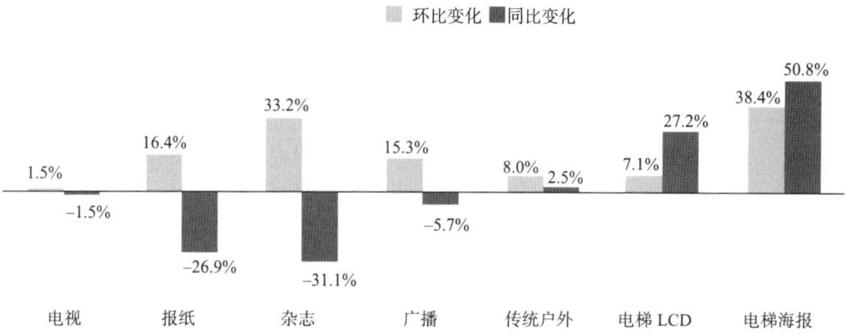

图 1–3　2020 年 9 月各投放渠道广告刊例花费变化

数据来源：CTR 媒介智讯。

减少“1 美元”广告投入，需要“1.6 美元”来弥补

可以看到，经济受负面冲击而陷入萧条时，企业削减广告开支是一个正常的条件反射。但是，这不一定是正确的。

对于那些有竞争力的企业品牌，增加营销预算才是应对逆境的上策。我们可以来看一下以往萧条时期的一些情况。

2008 年金融危机之后，在《B2B》杂志 11 月采访的 211 名 B2B（企业对企业）营销专业人士中，约有 30% 的人表示，他们计划在 2009 年增加公司的营销预算。

根据国际知名的市场营销学教授柏唯良所著的《细节营销》（2009 年），对于 20 世纪 70 年代的经济萧条，一家美国商业通讯社总结道：“那些对营销持积极姿态的公司能够做到销售和利润在萧条期依然保持不变甚至增长。”

对于1974—1975年的萧条，该研究在比较削减广告预算和未削减广告预算的公司后发现：截至1977年，坚持投放广告的公司，其销量比萧条低谷期翻了一番；而削减广告投放的公司，相比萧条低谷期，销量仅恢复了50%。

对于1981—1982年的萧条，麦格劳·希尔公司对600家B2B公司进行了研究，结果发现，在萧条期对营销增加投入的公司，相比保持或减少投入的公司，在萧条期和萧条期结束后3年的销售增长更快。

对于1990—1991年的萧条，《管理评论》期刊在研究后发现，市场份额显著增长的公司都是增加营销预算和营销人员的公司。

美国宾夕法尼亚州某大学对2001年经济萧条期间公司营销支出与业绩的研究也显示，那些在萧条时期大幅增加营销预算的公司笑到了最后。

上述结论已被反复证明：从萧条中复苏固然是件好事，但最好是在经济低迷、收入锐减的恶劣形势下逆势而为加大营销投入。事实上，在“众人皆减，我独增”的时候，销售收入可能不减反增。

这一现象可以用“心理加成”法则来解释：在萧条的时候，人们对“坏”的感受会被内心的恐惧唤起，于是心中想象的可能比事实要坏两倍；而好的时候，人们也容易过度乐观，就像炒股一样，涨的时候总觉得可以持续涨到多少点，往往事实也在内心被乘以了二。

曾有美国机构研究过，在危机或萧条时期，如果减少1美元的投入，危机之后大概需要付出1.6美元的代价才能弥补回来。

危机，头部企业清扫战场的时机

历史经验无不证明，当经济复苏回暖，扩大营销力度并不是糟糕的选择。

因为换一个角度来看，危机时期的营销成本也会同时降低，竞争对手的干扰度也在降低。

在这种情况之下，企业应该做出的正确选择不一定是收缩踩刹车，而可能是踩油门。那些头部的企业和具有差异化价值的优秀企业，在危机时期，其实都憋着劲抢反弹、扩大份额——第一集团军甩开第二集团军的机会，到了。

分众自己的思路也是一样，不仅不收缩，还多给一些预算。这次疫情让我下定了决心，2020 年分众把原本 80% 的屏幕数字化率提升到了 95% 以上。而且我们还要加大楼宇的扩张，要把市场份额从 80% 做到 90%。现金流充足的头部企业，这时候要做的就是清扫战场。

其实回归到常识，中国作为全世界最大的消费市场，消费规模会因为疫情发生根本性的改变吗？显然不会。市场规模就在那里，关键是，你在你的行业中是跑赢了大盘还是被淘汰出局了，市场份额是扩张了还是下降了。

埃森哲发布的《新消费 新格局：成熟企业如何敏捷竞争中国消费市场》报告显示，过去 10 年中，中国社会消费品零售总额增长了 3 倍以上，2019 年全年突破 40 万亿元大关，消费已经成为中国 GDP（国内生产总值）增长的主要推动力。

根据历史经验，总体来说，重大疫情对于宏观经济的影响有限。这种影响表现在资本市场上，将呈现一个短期的下跌，但只要疫情出现转机，很快会出现反弹。

/ 案例拆解 /

竹叶青反其道而行

2020 年春茶经销商会，因为疫情无法召开。面对疫情，很多厂家都不收茶了，但中国高端绿茶品牌竹叶青不仅没有退，反而担起社会责任，不压价按约定价格和数量收茶，保证了茶农的生活。

2020 年受疫情的影响，茶行业整体面临前所未有的压力，而竹叶青在面对疫情时的品牌操作却可圈可点，在茶行业内拔得了头筹。

一方面，在疫情暴发初期，竹叶青就率先发布公开信，做出了三大承诺：一对茶农不压价、不欠款；二对员工不裁员、不减薪；三对消费者保证春茶按时上市，另外还向社会回馈价值 2000 万元的竹叶青峨眉高山绿茶。

这波发言不仅稳定了内部军心，也在一定层面上彰显了竹叶青作为行业代表品牌的社会责任感。

另一方面，竹叶青立即推出主题宣传，告诉大家竹叶青茶是精选峨眉 600~1500 米高山上的茶树，且只用明前茶芽制成的。抓住每年明前茶的节点，通过分众进行大规模宣传，让大家知道，现在是非常时期，多喝高山明前绿茶，不仅有抗氧化的作用，还有杀菌消炎的功效。

伴随着春茶的上市预售，在线下广告渠道，竹叶青将“春峰”（李宇春、李易峰）组合代言人的广告画面换成了“非常时刻 多喝竹叶青”的广告语。竹叶青想传达给消费者的信息就是，提升免疫力、抗病毒，就要多喝竹叶青。

这一波营销的结果是，竹叶青既保证了茶农的利益，销量还上涨了153%，比上一年销量更好。虽然疫情使得整个茶叶市场萎缩了，但同时供应商也萎缩了，大家都不敢出来干，只有竹叶青在这个关键时刻站了出来，市场自然就被竹叶青占领了。

脆弱的心灵会吸引灾难

日本著名实业家、哲学家稻盛和夫先生有一个心法讲得非常有意思。他说，一颗脆弱的心灵会把灾难、疾病都吸引过来。

他讲述了一个他小时候的故事。他的爷爷得了肺结核，他的爸爸、哥哥都在照顾爷爷，而他是最小的孩子，老是捏着鼻子从爷爷的房间走过，生怕被传染到，最后全家唯一被传染的就是稻盛和夫本人。所以他说，你越怕什么越来什么，一颗脆弱的心灵连疾病都能吸引过来。

面对危机，你要在不确定的环境之中，看到确定的机会；你要用长期战略的确定性，对付短期的不确定性。

非常时期要敢于出手，把危机转化成商机。疫情对各行业的影响不同，竞争格局会迅速发生变化，战略节奏也会发生变化。

疫情期间，我经常和很多优秀的企业家电话交流，最大的体会是，他们的观点很一致，认为有危机、有寒冬不可怕，因为危机和寒冬到来的同时也会清扫市场。那些缺乏竞争力和差异化价值的中小企业，会因为危机而加速离场。没有差异化价值的中小企业，本来就会退出市场，疫情只是加速了行业优胜劣汰的过程。

我们经常说要扶植中小企业，但真正值得我们扶植的必须是那些有差异化价值的企业。只要你有足够的价值，资本一定会发现你，并会支持你在弯道超车的时间点冲上去。

而头部企业是憋着劲要发力，有创新能力、有差异化价值、有充足现金流的企业也在想如何弯道超车，这些优质企业都在抢夺没有竞争力的竞品全面离场后所腾出的市场空间，这势必会造成品牌集中度大幅上升。

其实，每一次危机都是品牌集中度上升的时候，在所有竞争性的市场中，总有有雄心的公司抢先同行，提前一步抢市场、打品牌、占份额。

骨子里真正优秀的创业者都是乐观主义者，他们总是能够看到好的一面，并为之拼搏。企业在好的市场中可能是万马奔腾，而在逆境中就只会有极少数的人一马当先地杀出来。这时候，考验的不仅是创始人的智力，更是心力、定力。

/ 案例拆解 /

从“至暗时刻”到业绩回暖，林清轩做对了什么？

林清轩的创始人孙来春花了 16 年时间，在全国各大商场开了 300 多家门店。然而，疫情暴发后，不到 16 天时间，就有 157 家门店关门歇业。用孙来春自己的话说，“每天睁眼就是百万级的支出，一个月亏损几千万元”。

然而，林清轩并没有被疫情打倒，孙来春给全体员工写了一封万字长文《至暗时刻的一封信》，以此激励人心，走出自救的第一步。但要成功应对危机，还要找到方向，找出方法。

2020 年 2 月 1 日，林清轩开始在全国各地门店部署业务。

第一，通过线上社交软件连接老客户，通过电商入口进行线上销售，比如“钉钉 + 手淘”和“微信 + 小程序商城”。

第二，将产品与疫情带来的需求相结合，针对人人长时间戴口罩的现实，在电梯媒体上打造新的用户心智——“林清轩山茶花油可以修复肌肤屏障、令肌肤更健康”。

第三，强化用户心智，将“修复口罩脸”的林清轩山茶花油赠送给在一线的护士们，用公益打动人心。

通过“销售全线数字化”，2020 年 2 月 1 日至 2 日，林清轩业绩回暖。更值得一提的是，武汉门店店均销售业绩均排名全国第二，2 月 1 日的销售额相比 2019 年同期增长 234.2%，2 月 2 日的销售额相比 2019 年同期增长 182.8%。

城市能被封锁，但认知不会。林清轩的绝境逢生之路有力地证明了品牌力与数字化的力量。

林清轩的自救之路充分说明品牌力就是最大的免疫力。疫情之下，拼的就是企业的品牌影响力，也正是因为过去一年林清轩进行了大规模的分众电梯媒体的投放，促使品牌力大幅提升，在这次危急时刻救了公司。

然而，在品牌传播上，林清轩并没有因移动互联网碎片化、粉尘化的传播而变得短视，依然选择将有限的预算全部投入品牌打造，深度占领了主流人群的核心生活空间，在消费者每天经过的公寓楼、写字楼等电梯空间形成了高频触达，占据了主流人群的心智，由此拉升了品牌影响力。

后来，孙来春总结说：是品牌化和数字化救了林清轩。

后疫情时代，企业的三大重点

对于行业来说，我觉得后疫情时代有三个重点值得思考。

第一，品牌价值凸显。

疫情过后，行业也将进入大分化的加速阶段，品牌集中度进一步提升，品牌固化程度加剧。

强者更强、弱者更弱的马太效应更为突出。消费者选择购买在他们认知中信任度更高的品牌的概率变高，头部企业的营收及利润均以高于行业平均水平的速度在增长。这推动了品牌集中度的提升，同时高附加值产品领域也将出现更多新品牌。

消费市场中品牌价值得以凸显，经过这次新冠疫情的考验，无形资产的重要性得到充分体现。品牌才是企业应对危机的免疫力，晴天的时候修屋顶变得更加重要。

第二，寻找差异化价值。

如果你真的没有差异化的价值，未来靠市场繁荣活下去的机会不大。很多人是吃到了一波流量红利，小红书、抖音等平台的红利都吃到了，但这样的流量红利一旦失去，就要花钱去买。洼地变成泥沼，随着流量不断地涨价，你就会陷在当中，最终流量成本与利润出现死亡交叉。

现在很多企业跟风搞直播其实都搞错了方向。流量是什么？流量是品牌赢得人心的结果。有人说流量就是一切生意的根本，这是大错特错、本末倒置的。企业要想清楚这一点：消费者选择你而不选择竞争对手，理由到底是什么？这个问题值得每一个企业决策者灵魂追问。

第三，选对渠道和传播媒介。

选对渠道，是当下每一个想要发展壮大的企业都必须谨慎对待的问题。

每个时代有每个时代的红利，企业的发展壮大一定离不开当下红利的助推，但必须要能够认清渠道红利和媒介红利。洞察力强、敏锐度高的创业者，往往都能抓住时代发展中的红利，将企业做起来。但如何选正确的渠道和传播媒介，将企业持续发展下去、把品牌做大做强，才是对企业家能力的真正考验。

营销环境变化了

互联网时代信息爆炸，在互联网时代建立品牌价值的认知变得越来越难。信息爆炸的移动互联网就像银河系，每个品牌发出的声音都会越来越有限和微弱，而且不可控。建立品牌的核心是“中心化”引爆。

从 2015 年开始，中国的广告投放呈现负增长，中国传媒市场也随之发生了根本性的改变。

2015—2018 年，四年中传统媒体的广告收入持续下降，而分众电梯媒体与互联网的广告收入却在持续上升。因为从 2015 年起，互联网的收视时间已经全面超过了传统媒体的收视时间总和。

具体来看，2015 年，在网络广告高速增长的拉动下，中国媒体广告市场规模继续保持两位数以上的增长。2015 年，中国媒体广告规模同比增长 13%，达到 4226 亿元。传统媒体广告营收规模同比下降，网络媒体广告收入则同比增长。而后几年的数据显示，网络广告仍保持快速增长，市场份额进一步扩大。

2015年时，传统媒体中，电视、电台、报纸、杂志等媒体均同比出现下滑，影院、楼宇等表现却仍然可圈可点，持续得到广告主青睐。

从信息模式看，大家如今都在看微博、微信、新闻客户端，它们占据了消费者每天五六个小时的时长。但用户都在看内容，很少注意看广告。广告对用户来说就是个打扰，你在这么多新闻客户端看了一个月，真正记得的广告有几个呢？

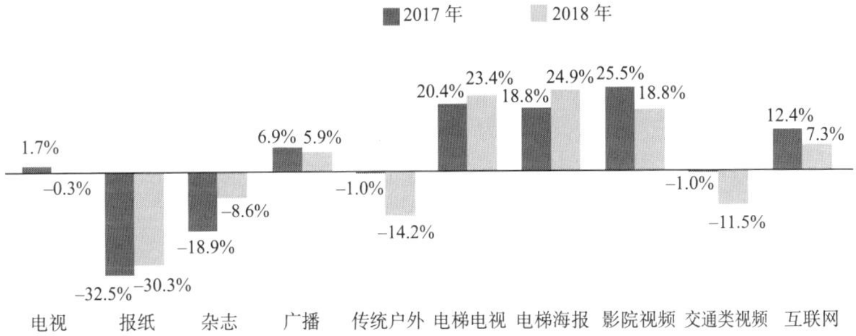

图1–4　2017—2018年各媒介广告刊例花费变化

数据来源：CTR媒介智讯。

而根据《第45次中国互联网络发展状况统计报告》，截至2020年3月，我国手机网民规模达8.97亿，我国网民使用手机上网的比例达99.3%。

从娱乐方式看，原来大家都是看电视，现在看综艺也好、看剧也好，都是通过网络视频。以前贴片广告效果非常好，但最近几年大家都买会员跳过广告了。中国大概有7亿的视频用户，3亿多是买会员的。所以，你可以发觉主流用户是买会员屏蔽广告的。而如果一个用户每月连20元会员费都不肯花，你也可以得出结论：他不是一个主流消费用户。

另据营销衡量软件和分析独立提供商DoubleVerify发布的《2020年全球媒体质量报告》，亚太地区的整体品牌适用率只达到11.4%，广告被拦截，被称为品牌适用性拦截。整体品牌适用率是广告和拦截的组合，广告拦截器在年轻的、精通技术的消费者中越来越受欢迎。Global WebIndex（数字化客户洞察移动服务商）2019年3月的一份报告显示，全球47%的消费者屏蔽广告，72%的消费者不喜欢视频广告。到2020年，由于广告拦截，广告商每年约损失350亿美元。

广告如何才能有效到达消费者？

那么问题来了，中国的主流消费者看电视的概率越来越低，看视频是付费屏蔽广告的，看微博、微信、新闻客户端都在看内容，很少看广告，广告如何才能有效到达消费者呢？

一个国际知名快消品公司的老板曾经问我一个问题：十几年来，我对他公司在中国所做的广告怎么看？我说：十几年前，当你有1亿多元广告预算的时候，打开电视机经常能看到你的广告；PC（个人电脑）互联网起来了之后，你把广告预算一部分放在互联网上，一部分放在电视上，人们开始不会特别注意看你的广告了；现在，进入移动互联网时代，你的广告预算可能已经有10亿元，我却很少能看到你的广告，原因是什么呢？原因是你的广告预算虽然涨了10倍，但是随着移动互联网的崛起，信息流暴涨了70倍甚至更多，你的广告被稀释了。

以前在传统媒体时代，我们好像住在地球上；后来的 PC 互联网时代，我们就住进了太阳系；现在进入移动互联网时代，我们好像住在了银河系。在银河系，即使给你 10 个喇叭，你都叫不响了。

如果你希望投放的广告真正有效果，要中心化引爆品牌，在银河系不行，你要回归地球。比如说你住在上海，上海的天空就像移动互联网，你要把上海的天空填满很难，一朵云消散得也很快。但如果你选择填满上海的地面空间，会不会更容易一些？上海的地面上有什么？上海大概只有 3000 栋写字楼，有 6000~7000 个小区。然后，你会发现上海只有 200 个大卖场、100 个购物中心、100 家电影院，还有 2 个机场、2 个高铁站。你会发现，想要打透上海人的有限生活空间，其实并不难。

分众就是在这种情况下异军突起，成为最能引爆主流用户的平台之一。

中国 3 亿多的城市主流消费人群，他们每天都要多次乘坐电梯，分众屏就成为他们不得不面对的一个场景，高频触达，最终他们在封闭空间中被进行了强制性的收视。在城市里，很难有不回家、不上班，也从不去看电影的人，分众对城市主流人群形成了高频的集中引爆。

虽然做了二十几年广告，但我认为广告其实是一个反人性的行业，因为没有人愿意看广告，大家要看的都是内容，不是广告。广告就是一种打扰，一种中断。

在信息爆炸、信息粉尘化的时代，有那么多的 App（应用程序）、那么多的栏目、那么多的热播剧……选择太多，对用户来说是好事，但对广告主来说却是灾难。用户没有选择，往往才是广告主最好的选择。

所以，分众的价值在这个时期得以凸现，分众覆盖几十万栋办公楼宇和社区公寓楼。2018 年，根据中国 5 大研究公司的联合调研，分众每天覆盖 3.1 亿城市最有消费力和风向标价值的主流人群，在他们每天必经的封闭电梯场景中，形成了高频次、强制性的触达（见图 1–5）。

图 1–5　中国 5 大研究公司 2018 年联合调研中有关分众的结果

客户需要解决方案型的企业

据 CTR 报告，电梯 LCD（液晶显示器）和电梯海报广告花费在 2020 年 5—9 月均呈现双位数上涨。

9 月，饮料行业位居电梯 LCD 广告花费榜单首位，花费同比上涨 490.4%；IT（信息技术）产品及服务行业在电梯 LCD 和电梯海报的广告花费排名分别为第二位和第一位，花费同比涨幅分别为

89.3%和106.6%。电梯海报广告中，邮电通信行业花费同比增长也超过100%。

中国排名前100的品牌，83个都投分众，这样分众会给消费者一个安全感的背书。而作为媒体公司，分众知道客户要什么。普通公司都是交易型企业，而好的公司是提供了独特产品价值的企业，更好的公司是解决方案型的企业。

我知道客户不是仅仅要分众的媒体价值，他们要的是品牌引爆的结果。这个时候分众不仅要提供媒体的引爆能力，还要提供定位的能力，帮客户梳理定位、梳理竞争战略的能力，加上品牌引爆，甚至再加上分众后端撬动互联网流量的能力，以及撬动线下经销商的能力，品效协同起来，这样更能帮助客户实现品牌的引爆和销量的增加。

延伸阅读：

那些年我们相信的广告，为什么在移动互联网时代失效了？[1]

许多年以来，媒体行业有一条真理叫内容为王。内容越强、受众越多，媒体价值越高。那些年我们相信：广告只要赌对最红的栏目、最热的剧就会获得足够好的传播效果，从而带动销量暴增。

移动互联网时代，人人都是媒体，内容生产力激增，提供了太多选择，节目水平在资本的推动下也越来越高，一部热剧动辄宣布上百亿次的视频播放，而观众对穿插其中的广告是越来越有印象了，还是越来越忽略了呢？受众对广告的注意力投入度越来越低是一个基本的事实。“低投入度、多线程操作”成为用户的一种主要状态，用户在各种平台、各种链接、各种互动之间不断切换。“伴随式”成为主要的媒介体验。

移动互联网时代造就了多线程的生活方式，边看电视边玩手机，边听音乐边看书，这样的情景越来越多。更常见的是：人们在看电视时，节目进入广告时段不是上卫生间、喝水，就是自动切换成看手机。与此同时，内容越精彩消费者越不愿意有广告打扰，华通明略全球 AdReaction 调查显示，从广告接受度看，用户对电视广告的接受度为 15%，网络视频屏幕小、目的性更强，广告接受度仅为 9%。

1 作者：李光斗，中国品牌第一人，中央电视台品牌顾问，著名品牌战略专家，伊利集团、蒙牛乳业、民生药业、古越龙山、招商银行、长虹、喜临门集团、青岛啤酒、三元食品等全国数十家著名企业的常年品牌战略和营销广告顾问。

一个明显的趋势就是看视频时消费者不愿忍受广告，愿意买会员，一线、二线城市买会员的人多达 77%，未来还会有越来越多的人买会员去广告（见图 1-6）。

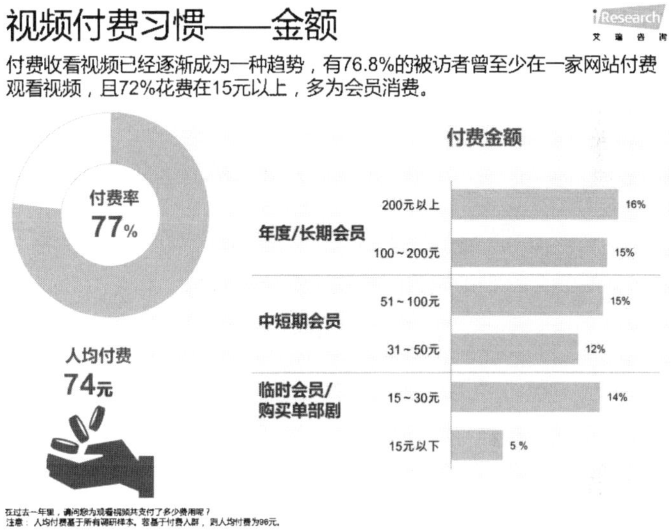

图 1-6　艾瑞咨询对人们付费收看视频情况的调查

来源：艾瑞咨询。

事实上大家在看电视时主要看节目，看互联网时主要看内容，大多数情况下消费者并不想看广告，穿插其中的广告成为打断收看的干扰因素。在丰富新颖的内容面前，广告创意再好，即使是由剧中主角按剧情出演的创意贴也显得逊色很多，无论穿了什么马甲，广告依旧是广告，是无法和内容竞争注意力的。消费者的预期是看内容，对于强加在其中的广告，心智天然地产生排斥。

过去几年，许多人不断提出广告娱乐化，这正反映了一种焦虑，就是在看精彩内容时没人看广告，所以广告要更娱乐、更内容化。但事实上，除了用几亿元去赌一年少数几个头部内容的冠名赞助商，这种解决方法并没有创造什么令人兴奋的成果。

广告创意再好、再娱乐也打不过精彩内容，最好的解决之道就是让广告回归正确的场景中。在这种场景中，广告不再是一种打扰，而是自然的存在，例如在等电梯或乘电梯时，许多消费者就会主动看分众的电梯广告。

移动互联网时代，品牌越来越难通过电视接触到年轻人，因为他们中的许多人都去看网络视频了；而且越来越多的人也不看投放在视频网站的广告了，因为他们购买了会员。

还有上亿人在玩《英雄联盟》《王者荣耀》或者吃鸡游戏，另一些人看网络直播、答题竞猜，这些人是不看视频网站的。此外，还有 20%~30% 的小白用户不想花钱，可能通过下载屏蔽软件来略过贴片广告或者借放贴片广告的时间去点击别的窗口。

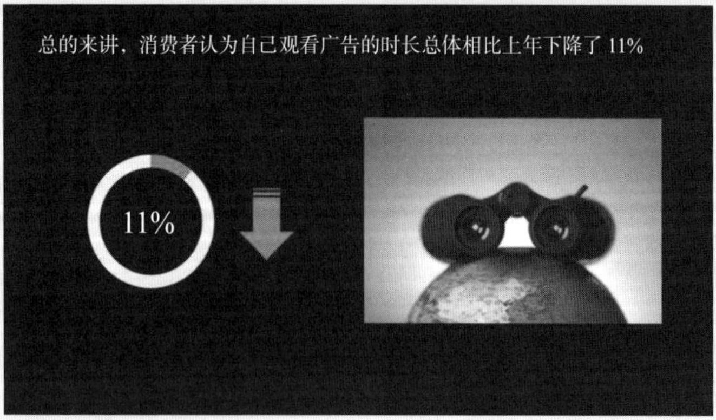

图 1–7　尼尔森对用户观看广告时长的调查结果

图片来源：尼尔森数据。

著名的诺贝尔经济学奖获得者赫伯特·西蒙曾指出："随着信息的发展，有价值的不是信息，而是注意力。"在信息粉尘化的时代，抢占有效注意力成为广告产生效果的首要问题，有效注意力是有效购买力的前提。

没有人要看广告，所以广告获得的往往是无效注意力，比如虽然很多广告进入了消费者的视野，但是没有提起消费者的兴趣，在消费者指尖一划而过，又或者根本无法进入消费者核心视野范围。无效注意力让很多广告主花了冤枉钱。尼尔森研究数据表明，中国有71%的数字媒体广告投入被浪费。原因很简单，没有抓住消费者的有效注意力。

我们真正应该思考的是如何把广告放在一个像分众电梯媒体这样的消费者会主动看广告的特殊场景中，让广告取得有效注意力，从而实现它的价值回归。有效注意力是一切商业活动的起点。它的界定范围不是消费者"看"，而是消费者主动"看到"。

第二章

消费者端的变化

普通消费和中产消费的区别

品牌的价值在于建立信任，降低交易成本，创造溢价——疫情导致消费者的消费行为呈现两极分化趋势，普通大众消费者更加理性，而中产消费者更加精致。

从短期来看，消费者端经过这次疫情后，消费会加速呈现两极分化，消费结构和消费倾向会发生改变。

小企业经营受困，普通大众可支配收入水平下降，这将导致普通大众在消费上更为谨慎。他们会把非必要的开支延后，而在必要开支上，会选择把钱花在更稳妥、更具确定性、信赖感更强的产品上。通俗一点讲，就是他们会选择购买品牌信任感、安全感更强的产品。

所以每一个品牌必须要力争成为消费者心智中的“默认选项”，在他们的潜意识里你的品牌要化为标准、化为常识，化为不假思索的选择。

而另外一些消费者是不同的，我称之为“白骨精”人群，他们是有能力的“白领、骨干、精英”。这些人的消费会迅速反弹，而且消费特点更加呈现出“三爱、三怕、三缺”。“三爱”，即爱美、爱玩、爱健康；“三怕”，即怕老、怕死、怕孤独；“三缺”，即缺爱、缺心情、缺刺激。他们的消费心理不需要低价，要有品质、品牌的，买一件东西要能够带来心理满足感——不要跟我谈刚需，要有格调和品位，能体现我是什么样的人。

对普通大众消费者的影响

疫情期间，许多中小企业停工停产、个体户关门停业，这导致许多人的收入水平严重下降，进而导致广大消费群体的可支配收入下降。可支配收入是影响消费决策的重要因素。疫情带来的不确定性，使得普通大众消费者的消费行为变得更为谨慎。

比如普通消费者出去吃饭，在收入状况比较好的时候，可能会去一些网红餐厅，或者尝试各种黑暗料理，跟上各种潮流动态。但是疫情发生后，不确定性、不安全感提升，消费者会更多选择肯德基、麦当劳、老乡鸡等标准化餐馆。因为这些品牌在消费者心中具有更多的安全性、可靠性和确定性。

更准确地说，消费者选择购买肯德基、麦当劳、老乡鸡等提供的产品或服务，其实是在选择购买品牌信任度更高的产品或服务。消费者更相信它们提供了干净整洁的店面环境，拥有符合行业标准的生产和制作流程，不断提高员工的素质，多年来保持稳定健康经营，对消费者和社会负责。所以在疫情之下，消费者对这些品牌表现出更多忠诚的态度和行动。

在大众市场的消费过程当中，大品牌反而会迎来更多集中的消费需求。所以，在这种情况下，力争成为消费者心智中的“默认选项”，在他们的潜意识里化为标准、化为常识、化为不假思索的选择，会是每一个品牌的明智决定。

对中产阶层消费者的影响

而另一方面，中国城市已经有 2.25 亿的中产阶层，中国大概会在 2025 年迎来 5 亿新中产，这个人数已经远远超过美国的总人口。我认为中产阶层的消费风格跟大众消费者非常不一样，这个有能力的“白骨精”人群，会更快迎来消费反弹。

未来，他们的消费风格会更加呈现出我们前文所说的“三爱、三怕、三缺”的特征。在这个主流消费人群的带领下，中国整体的消费升级趋势并不会因疫情的发生而改变。

大众型消费者喜欢讲实用主义，而中产阶层喜欢能够带来氛围、情绪，能够体现场景的产品。“哥吃的不是一碗面，哥吃的是寂寞。”对这些主流消费者来说，商品不仅要提供功能，更应该能抚慰心灵和情绪。从消费角度来说，这类商品的心理学意义大于实际意义。

在未来，创新品类不再是解决温饱问题，而是生活意义的创新，不仅是功能的竞争，更是智能的竞争，是从使用产品到享受生活、从追求符号到自我体验、从趋同消费到个性消费、从追求物质满足到追求精神愉悦的改变。

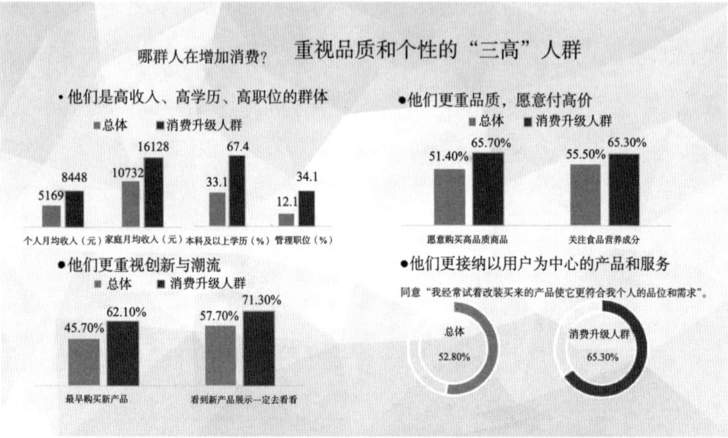

图 2–1 “三高”人群的消费特点

数据来源：CTR 中国城市居民调查 CNRS-TGI 2015-01-12,60 城市。

疫情过后，中国的消费分级趋势会越来越明显：大众是清单式消费，中产阶层是冲动式、触发式消费；大众是趋同化消费，中产阶层是趋优化消费；大众是功能化消费，中产阶层是美学化、精致化、健康化消费。

所以新的商业创新，无论是产品的创新还是商业服务的创新，都将围绕着高端品质和精神需求展开，让消费者更有存在感、仪式感、参与感和幸福感。

因此，未来想成功的品牌，核心打法是牢牢地锁定和影响这个城市主流消费人群。他们是意见领袖和口碑冠军，是中国消费市场的风向标人群，定义了品牌，引领了潮流。

夺得制高点是如此之重要，夺得风向标人群是如此之重要。一旦品牌抓住了中国近 3 亿主流阶层的消费人群，后面跟风的消费者都将被“捕获”。

WPP 集团（世界最大的传播集团）的研究报告显示，在中国排名前 100 的品牌当中，绝大多数成功的品牌都属于超高价定位，即超过市场均价 150% 以上的定位。成功品牌中，60% 的产品或服务都是高价、超高价的。失败品牌当中，高价和超高价的只占 5% 和 9%。所以，并不是性价比高的产品或服务就能收获大多数消费者。“三高”人群重视创新和潮流，如果产品或服务能够代表先进的文化、先进的技术，他们就愿意为品牌付出溢价。

消费升级的4个方向

人口的红利消失了，“精神”的红利正在展开——未来的成功品牌，一定要牢牢锁定城市的主流消费群。品牌想收获最能代表中国未来消费势力的人群，最有效的办法就是打进两个族群：Z世代和精众人群。

中国城市主流人群的消费升级，主要有4个方向，分别是：精神消费、知识消费、健康消费、智能化消费。

人口增长的红利已经结束了，但是“人心”的红利正在展开；流量的红利正在结束，但是所谓的“精神”红利正在展开。

品牌要打进两个族群

在中国现在的消费时代，花钱对于很多人来说，已不再是为了解决温饱，早已成为对精神愉悦的追求。对大众消费群而言，对美好生活的向往可能就是对更好的物质的向往。但对于中产阶层消费者而言，对美好生活的向往可能就在于如何度过精致的时光、如何实现自我成长、如何拥有健康的生活、如何拥有智能的科技、如何拥有文化的滋养……每个人对美好生活的向往都是不太一样的。

未来的成功品牌，一定要牢牢锁定城市的主流消费群。

中国市场有非常多的不同的用户族群，包括小镇青年，也包括95后和00后（他们被称为“Z世代”）、中产阶层、精众人群，还包括“银发族”等。这些都是中国社会族群当中的不同分类。

品牌要想收获最能代表中国未来消费势力的人群，我认为最有效的办法就是打进其中两个族群。

第一个族群是Z世代，指1995—2009年出生的一批人（即95后和00后）。

他们普遍是新科技的爱好者，基本上反对权威，不屑解释，活在当下。他们更愿意将钱花在这些地方：化妆品，因为他们认为“颜值非常重要”；零食，因为“嘴巴不能闲”；自我成长，因为他们对周游世界、探求未知领域的需求非常强烈。

根据CBNData（第一财经商业数据中心）数据统计，中国当前Z世代人口总数约为1.49亿，其中约有64%的人每天使用电商平台。从消费金额上看，Kantar数据显示，2018年Z世代每月可支配收入高达3501元，远高于全国居民人均可支配收入2352元。从消费增速上看，Z世代的同比增速远高于其他年龄段人群。Z世代未来将成为中国互联网消费的中坚力量。

那么，什么样的产品能够赢得他们的心呢？

第一，“颜值即正义”。

“颜值即正义”，视觉上他们追求的是美、酷、潮。商品首先要具备颜值，之后他们才会探究功能。“你美你先说，你丑你闭嘴”——这是他们典型的表达，一旦品牌符合他们的审美观，他们就会给予品牌更多的花费和宽容。

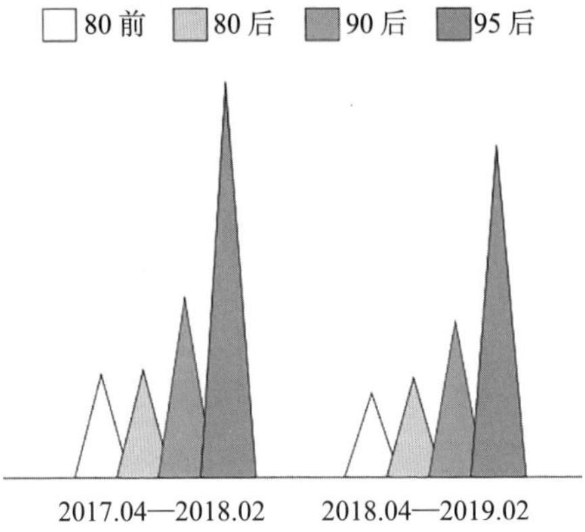

图 2–2　淘系不同年龄段消费同比增速

数据来源：晓报告。

第二，“结合大 IP（知识产权）”。

回顾 2019 年，各种爆款 IP 内容如雨后春笋般涌现，各种二次元破壁，成功的品牌营销也纷纷站上潮头。大 IP 代表穿越时代和国域的好内容，品牌能够做到与大 IP 内容有精神契合，就能赢得人心。真正的高质内容和有价值的 IP 营销也必然会撬动市场更大的想象空间。

第三，“产品有趣味”。

交互上的乐趣加速了产品的传播和用户的接受速度，抓取到用户眼球，并让他们在产品上停留一段时间，做到这一点，这个品牌的产品或营销就几乎算成功了。因为 Z 世代愿意将大把时间消耗在他们觉得有趣的事情上。对于Z世代来说，好玩不好玩很重要，能够让他们开心，他们就毫不犹豫地买单。

AdMaster（精硕科技）的数据显示，ACG（动画、漫画、游戏）文化已成为中国Z世代最普遍的兴趣爱好。Z世代往往更热衷于消费与此相关的衍生品，以及潮鞋、盲盒这类新事物。根据《Z世代圈层消费大报告》数据，电竞爱好者超六成是Z世代，他们也贡献了二次元Cosplay（角色扮演）品类近四成的销售额。

第四，“节省时间”。

Z世代普遍更“懒”，或者更精明些，只愿意将时间浪费在“美好有趣”的事物上。而对于那些他们不太喜欢、又不得不做的事情，比如扫地、做饭等各种家务，只要产品或服务能帮他们省下做这些事情的时间和精力，他们自然会更关注。

第五，“身份认同”。

产品体现的是时代标签、圈层标签、个性标签，要得到某类消费者的认同，比如无印良品、小米、网易严选等。

第二个族群是精众人群，这一人群更值得关注。

截至2018年，中国精众人群人数已达1.16亿，精众引领着中国消费的进一步升级，让消费从“品质消费”转向“精粹消费”，精众对每个消费细节都有独特的考究和品位，品牌如何提供更具匠心、更纯粹的产品和服务，成为打动精众、引领品类和行业趋势的关键。

他们的发展方向和特点主要是四个方面：一是从拥有更多到不需要更多，再到拥有更好；二是从满足功能到满足情感；三是从物理高价到心理溢价；四是从能追赶他人到彰显自我。

基于精众的消费特征，《2017—2018中国精众营销发展报告》

指出，品牌要真正打动精众，不仅仅是“覆盖”和“到达”精众那么简单，而是要融入精众的生活方式，与精众达成文化共鸣与价值认同。

对精众人群来说，女性根本不需要去买进口指甲油，可以特约专属美甲师；当大家还早晚在小区散步、周末去公园逛时，他们早已开始了健身、瑜伽、骑行、登山；当其他人追“潮”，去九寨沟、逛故宫、游港澳台时，精众人群早已周游全世界；当大家追捧苹果手机或智能手环时，精众人群挑选的是扫地机器人、智能料理机、智能卷发棒。他们买果汁要买农夫山泉 NFC，买花要买野兽派，喝茶要买小罐茶或者竹叶青……这些新的商业案例均体现了精众人群对高端品质和精神需求的追求。

日用消费品：必需品也在升级

需要特别注意的一个方面是，在日用消费品类中，过去人们眼中的“生活必需品”，哪怕是“低端”品类，也有非常明显的消费升级趋势。

比如洗发水，过去 9.9 元的飘柔去屑横扫中国市场，但是现在我们看到无硅油滋润洗发水、精油香氛洗发水、苹果生姜洗发水等品种层出不穷，一瓶洗发水往往上百元。男士们也越来越讲究，特别针对男士的古龙香氛洗发水，在高端市场“大行其道”。

我们再看洗衣粉市场。最早大家都用洗衣皂、洗衣粉，后来开始出现洗衣液，现在又出现洗衣精华、洗衣球等。过去各个品牌的产品重点都是强调去污能力强，现在则多是强调杀菌效果好、特别适合宝宝，或强调柔顺效果、衣物护色效果，等等。

我们以前用手动的普通牙刷，后来推出软毛牙刷、护龈牙刷、小头牙刷等，现在很多人在用电动牙刷。近年在“6·18”“双 11”促销期间，电动牙刷的销售增长都是百分之几百。

能明显看出，日用消费品的每个细节都呈现很强的消费升级。

消费者对“性价比”的解释已经不再是过去的“便宜又好用”，而是“对得起这么高的价格”。我们现在看到的是新精致主义、新时尚主义、新健康生活，它们引领着产品和品牌升级的浪潮。2018 年、2019 年中国消费升级有几个关键词：家庭至上、悦己主义、平衡生活、精致品质……这些都是今天赢得消费者非常关键的话题。

中国的消费增长盛宴还在继续，但在 2020 年的《麦肯锡中国消费者调查报告》中，我们也发现了一些新趋势——中国的消费者行为正在分化，由过去那种各消费群“普涨”的态势转变为不同消费群体“个性化”和“差异化”的态势。

中国的非一线城市涌现出一支新的消费生力军，以二线城市的年轻女性为代表。这一群体并不担心生活成本或未来储蓄问题，具有很强的购买意愿。

但在北上广深等生活成本高昂的大城市，不同消费群体则表现各异：有的更加理性，愿意为品质而不是社会认同买单；有的更加精明，追求最高性价比；还有的更加谨慎，缩减开支，未雨绸缪。

自 2005 年起，麦肯锡就针对中国消费者行为进行了一系列持续性的研究。在 2020 年的一期报告中，麦肯锡对中国的消费者进行画像，它提出的 5 大值得关注的消费趋势是：

第一，中低线城市消费新生代成为增长新引擎；

第二，多数消费者出现消费分级；

第三，健康生活理念继续升温；

第四，旅游消费更注重体验；

第五，本土高端品牌崛起。

虽然报告称中国经济增速放缓且面临着不确定性，但从接受调研的绝大多数消费者来看，中国市场的消费增长趋势依然在继续。中国消费者仍然信心十足，在可预见的未来，他们仍是拉动中国经济增长的引擎。

中国消费升级背后的动力

谁掌握了消费的风向标人群，谁就掌握了未来——消费升级背后的动力，第一是中产阶层努力打拼之后的自我补偿和自我奖赏，第二是成为更好的自己，实现人格的自我跃迁。

从消费者角度来说，如今的品牌创新必须是从“解决问题”到“生活意义”的创新，是从“使用产品”到“享受生活”、从“趋同消费”到“个性消费”、从“物质追求”到“精神愉悦”的创新，是消费与精神升级的创新。

一方面，新精致主义、精粹品质主义崛起，消费者对于这种匠心品质的追求不断提升，这些高端产品代表的是他们的生活追求和审美追求；另一方面，消费者追求新健康生活，追求“悦己主义”，追求工作与生活、事业与家庭的平衡。

消费升级背后的两大动力

整个中国的消费升级背后有两个非常重要的动力，第一个就是中产阶层努力打拼之后的自我奖赏和自我补偿。

现在的中产阶层过得很轻松吗？不会，他们每天都面临很多挑战，压力都很大。这个时候，他们需要给自己的心灵以抚慰，不断进行自我奖赏和自我补偿。

比如说滴滴打车最早在分众上的广告语是："如果现实总拼命，至少车上静一静，全力打拼的你，今天可以坐好一点。"能够坐得好一点，在车上有静一静的时间，就填补了"拼命三郎"们的心灵空缺，在中产阶层一天的努力打拼后，给他们一定的慰藉。

奋斗中的中产阶层往往背负着来自工作、家庭、社会的各种压力，不能停下前进的脚步，内心渴求更多的理解、关爱，需要一个压力的释放口。他们源源不断地升级动力，正是一种自我的心灵补偿，是一种自我奖赏。

第二种动力，就是要成为更好的自己。

今天的中产阶层有钱之后还会去大吃大喝吗？他们不仅不会，还会告诉自己，要多吃蔬菜，每月一次轻断食，每天早起打卡、跑步、做瑜伽，还要加入读书会，等等。我相信，很多人花钱买了会员之后，其实也没认真去读那些书、参加过那些活动。但是，他们为什么还会去做这种事情呢？因为在花钱的那一瞬间，他们觉得，这样会使自己成为更好的自己，实现人格的自我跃迁。

中产阶层努力打拼后的自我奖赏和要成为更好的自己，是两大很重要的消费升级动力系统。

所以，追求往中高端市场走的那些企业，会迎来非常好的发展契机。

大众中低端产品路难走

如果今天的企业本身还不具有巨大的规模优势，还想转到中低端市场去跟别人血拼打价格战，那么未来的生意会越来越难做。

当年，中国的确有一批大众化产品成功了，比如美的、格兰仕，通过规模化生产，在各自的家电领域拥有巨大的规模优势。它们抓住了改革开放初期的红利，建立了生产规模效应，成功了。但是那个红利时代已经过去了，后来的行业新入者想拼价格，怎么可能打得过它们呢？

工业化带来的物质丰富、全球一体化带来的市场扩大，共同放出了“价格血战”的魔鬼。低价竞争、对产品价值的忽视，是恶性循环的开始。促销带来的最多是工厂利润，一旦成本上涨或遇到危机，很容易就形成“死亡交叉”或现金流断裂，导致企业的破产。

如果你的产品是利润非常薄的大众化产品、走性价比道路的产品，终端赚不了多少钱，经销商去经销你的产品，也很难赚钱，利润很薄，那他们为什么要去做呢？中国的很多问题是商业生态负循环，产品的价格一旦往下降，经销商终端没利润，就没有积极性，产品就卖不出去。所以新消费品牌要尽量去做中高端市场，建立商业正循环。

因此，那些能够锁定中国中等以上收入阶层、用匠心品质和创新理念去开创差异化价值的公司，会在未来引领潮流，改变市场的格局，赢得市场的主动权。

延伸阅读：

消费升级和信息过载时代的七大营销趋势[1]

当前是一个消费升级的时代，品牌所定义的消费者正在发生族群的裂变。过去我们说中国的消费叫“城乡二元结构”，今天，中国城市的消费呈现出新的“二元市场”，新的二元市场讲的是满足基本大众化生活消费的市场和创造新需求的精众型消费市场。

但是今天，随着互联网的发展，消费者的行为变得越来越不可控，品牌不得不面对碎片化传播环境的问题，即如何对抗碎片化。

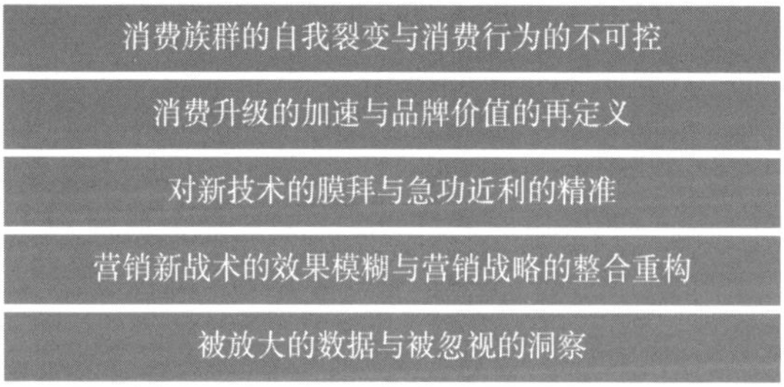

图 2–3　当今营销面临的多重挑战

一方面，品牌要思考新的意义，进行品牌升级；另外一方面，品牌要用“中心化”传播对抗“去中心化”的碎片传播。信息的扩散是去中心化的，但媒体的发展趋势则都是趋于“中心化”的。因

1　作者：肖明超，知名趋势营销专家，知萌咨询机构创始人兼 CEO，中国精众营销理论开创者，北京航空航天大学、北京师范大学等高校兼职教授，腾讯、字节跳动、阿里、百度、网易等互联网公司的营销顾问和智库专家，带领知萌应用趋势为企业提供整合策略和创新传播服务。

此，越是掌握了规模化消费者入口的“中心化”媒体，其营销价值就越大。例如，线上媒体中的BAT（百度、阿里巴巴、腾讯）掌握的流量入口，线下媒体如电梯媒体、电影院媒体、卖场媒体等掌握的生活空间入口。还有一些是更加细分垂直化的渠道媒体或者移动互联网的应用，例如知乎、有道词典等针对特定需求的应用。

趋势一：超越产品，品牌转型升级要思考新的消费意义

今天，品牌要想聚集消费者的注意力，需要考虑如何增强场景体验和仪式感。通过制造一些消费的仪式感，让大家在共同的时点形成消费能量的聚集。

比如“双11”“双12”购物节，这些都是制造出来的，以前“双11”是“光棍节”，谁能想到“双11”和购物有关系？所以，这是对人们消费欲望的一种刺激和满足，让很多消费者的购买计划提前实现了，变成了实时的购买，而这些需求要被制造出来。如今，企业升级战已经发生了改变，从制造产品变成了制造“新消费主义”。

在这样一个时代，我们要去思考如何构建传播的新场景，让新的场景带来新的语境。

例如，你每天上班走进写字楼，会看到农夫山泉在讲述“你可能不知道，你正在品尝的是长白山的春夏秋冬”的故事，农夫山泉在电梯电视上不断滚动播出的长达几分钟的广告，将其产品研发及设计过程，包括工厂建造过程，都娓娓道来，告诉你农夫山泉不是一瓶简单的水。而农夫山泉新瓶装的设计，有麋鹿、滑雪的孩子，还有树林，这些原生态的画面和设计让所有消费者在饮用水的同时，感受到自然的魅力，也让这个品牌超越了产品本身的意义。

例如，生活用纸市场现如今的功能定位等于品牌定位，导致整个品类陷入功能化和价格促销的无休止竞争中。面对新的消费升级，一张生活用纸也需要品牌的附加值，而品牌的附加值则是从超越产品的角度去寻找新的卖点和新的意义。

比如，恒安集团旗下的心相印在应对新的消费升级时，以超越产品本身、打造健康生活用纸的第一品牌作为出发点，推出了新概念“黄金柔韧 1 : 1，刚好，让你更好”，通过对茶语系列精品的打造和高端化的升级，面向一线市场，提升它自己的品牌，也赋予了品牌新的内涵。

趋势二：传播不再是冰冷的媒介界面，而是要让情感在不同时空得以流动

今天，传播不再是冰冷的媒介，如果只是冰冷的媒介，那么我们只能靠广告的轰炸和规模化的曝光来影响消费者。在移动互联网环境下，消费者具有高感性（high concept）和高卷入（high involvement）两种特征。

高感性指的是消费者会基于移动互联网场景和氛围下的实时化行为触发；高卷入指的是在使用不同的应用时，消费者会倾注自己更深的情感元素，而这种卷入度比 PC 端的卷入度要高。在这种背景下，我们应该思考，如何激发消费者更多元化的情感卷入和情感流动。此时，营销的内容创意要以触发情感流动为目标。

例如，2016 年里约奥运会，可口可乐以日常生活中的成功时刻为切入点，让奥运精神回归日常点滴，聚焦时代背景下每一个为实现梦想而努力拼搏的平凡人和他们背后的支持者。通过重新诠释奥运金牌的含义、发掘奥运蕴藏的人文情怀，将“金”与人类最珍贵的情感联结起来。

伊利曾发起了一个“你是不是父母的陌生人”的活动。所谓“你是不是父母的陌生人”，意思是你有多长时间没有真正关心过自己的父母。基于这样一个概念，它的广告语是“一杯热牛奶，温暖一米陌生人”。

这种“情景互换”所激发的感情共鸣深深揭开了当今中国社会年青一代与长辈之间存在的情感“伤疤”，我们和父母的距离看起来很近，但实际上彼此却很少去传递温暖。而伊利这个活动，通过这样一个情感化和有温度的场景，让大家觉得这个品牌更有“爱”，更有“关怀”。

趋势三：营销进入情景时代——从场景到情景的价值升维

如今，大家都在讲场景，我们实际上应该思考的是，场景如何和情感进行更深层次的结合。营销的系统性变革为：从以产品为导向到以消费者为导向，再到以场景为导向，现在是以体验为导向，这需要更多的情感卷入与社交分享。

场景是基于特定的时间、空间环境，对消费者原生需求的满足；情景是在时间、空间环境、消费者的情感卷入以及社交分享行为下，对消费者触发需求的满足。如今，营销需要思考场景营销到情景营销价值的升级。

例如，过去一直主打翻译和查词的有道词典，它的价值已经发生了变化。过去大家用它，更多的是因为它是一个工具。而今天，用户可以在出国旅游的时候使用它，可以在海淘的时候使用它，可以在跨国社交的时候使用它，这个应用已经有了新的情景化用意。

基于这样的背景，有道词典新的品牌口号是“有道词典，陪你看世界”，这是对有道词典情景化的价值提升，也使用户更容易找到和品牌的共鸣点。

趋势四：新领军者占位策略是塑造或者引领消费文化

品牌要想在行业里保持领军地位，不管是已经领军的品牌，还是试图成为领军者的品牌，都需要塑造和引领新消费广告。

中国的品质消费和精众消费领域蕴藏着品类细分的机会，很多行业已经不是简单的品牌之争，而是品类之争，比如功能饮料和果汁饮料的竞争、碳酸饮料和非碳酸饮料的竞争。这就需要定义一种新的品类、一种新的消费文化。

新能源汽车如何赢得市场？新能源汽车不是品牌和品牌的竞争，而是汽油车和新能源车市场的品类竞争。因此，新能源品牌要脱颖而出就需要新的定义。

例如，知豆电动车是一个微型交通工具，这样的品牌如何能够赢得市场？单单从消费群的争夺方面，它很难做到。所以，知豆构建的是微型生活方式，打造微型的产业联盟。

共享单车和它其实属于同一个品类，未来新能源车可以用来进行共享租车，它可能不是远途的出行，而是接送孩子、买菜或者逛商场这样的场景。这会形成一种新的、微型的生活圈，是一种新的消费文化。

趋势五：从去中心化到中心化的聚合传播——品牌从传递信息到输出内容

我们处在一个去中心化的时代，一个人人都想成为网红的时代。朋友圈都是各种雪花般的莫名其妙的热点，很少有人思考舆论之外的意义，大家都在谈各种信息，也都在消费各种信息，却很少思考这些信息背后的深层次价值。

一个追求恒定价值的品牌，不能仅仅追求劲爆，还要思考如何把品牌做得更加精准。所以，内容会成为中心化的一个焦点。更深刻的内容、更能与消费者产生共鸣的内容，会让品牌重新聚合更多的用户。所以，优质的内容让品牌站上制高点。

例如，音乐匠人李宗盛推出《每一步都算数》品牌短片，以品牌成立以来的专注精神为灵感，搭配李宗盛个人的生命轨迹，致敬New Balance（新佰伦）成立110周年。之前，慕思床垫举办全球睡眠文化之旅，用这样的活动诠释品牌所传递的“生活之慢”理念，向大众传递放慢脚步、享受生活的人生态度，这种高品质的内容也给品牌带来了新的内涵和意义。

趋势六：品牌萌宠化与IP化——娱乐也是品牌的一种姿态

品牌既要高大上，也要接地气，能不能娱乐也是品牌的一种姿态。移动互联网时代，品牌要让人们感受到它的脉搏，这可以通过轻松创意来达到。甚至一些看起来很严肃的话题，也可以用诙谐幽默的创意方式进行展现。

例如，2013年，故宫博物院走上了卖萌的不归路。在推出“宫廷娃娃”系列产品后，其各种萌物新品的推出都会引起轰动。

从全面推行网络预约购票和网络社交平台藏品展览，到上线“故宫淘宝店”推出系列文化创意产品，古老的故宫似乎正焕发出某种“青春”的活力，让传统文化活了起来。

再比如，颐和园开了一个皇家买卖街，产品分为宫廷家居饰品、皇家生活用品、图书音像制品、服装箱包、办公文具、旅游纪念品、皇家生日礼物、艺术品 8 个类型。这是一种娱乐的心态，也是一种萌宠化的心态，同时它也成为一种新的 IP。

趋势七：应用新技术，创造品牌的超现实体验

2016 年是虚拟现实（VR）爆发的元年，之所以火爆，是因为很多消费者可以直接用虚拟现实的产品。过去，虚拟现实更多集中在特殊行业或者军用层面。如今，它带来新的机会、新的融合体验，以及更深层次的沉浸感。

VR 营销不是简单的在 VR 设备上做营销，而是在不同的移动互联网场景中融入 VR，让品牌体验更具沉浸感。同时，如果还能创造出一些能够特别扩散的话题，那么 VR 营销就能成为创造社交媒体内容的源头。VR 营销的核心就是制造超越现实的品牌体验。

图 2–4　虚拟现实场景融合体验的特点

今天，在这样一个消费升级的时代，品牌需要新的定义。在信息过载的时代，内容创意可以对抗去中心化的、碎片化的传播。营销要思考情感的温度，品牌要思考思想的厚度。要想放大一个媒介的营销价值，就必须思考它能给消费者带来的情景体验，不管是技术上的融合还是媒介形式的创新，都需要去考虑创造新的情景。

第三章

分众应对危机的经验和总结

非典中创立

危机对于有雄心的人来说永远是战机，每一次危机的产生都是改变市场格局的重要机会。

分众传媒 2003 年初创立，刚刚创立就遇到非典。

从 1992 年开始创业到 2002 年底，我把这 10 年奋斗积累下的 5000 万元人民币一次性投入到分众电梯广告的事业中，结果遇到非典。

大家都闭门不出，我却要创业做电梯广告。

别人退缩时，我选择冲锋

其实，非典刚开始的时候，就有很多朋友来提醒我该收缩了：“下个月，很多写字楼开不开都不确定了，你却要在这个时候去做什么电梯媒体，那不是自找死路吗？”

显然，我当时并没有听从这些朋友的建议。我控制不住，因为我坚信，我看到了非常大的趋势和机会。

当时中国很重要的一个大趋势是什么？是城市化。城市化就要建高楼，建完楼都要装电梯，没有电梯，城市根本无法运转。所以我坚信，电梯一定会成为城市的基础设施。虽然当时电梯媒体这个模式全世界还没有人做过，但我相信它一定会在中国成功。

同时，我还看到了一个非常大的机会。当时我已经在广告行业做了 10 年，这 10 年的经历告诉我，广告本质上是一个反人性的行业——没有人想要看广告，大家看电视都是为了看节目，看手机都是为了看内容。广告在中间对用户来说，就是一个打扰、一个中断，是令人反感的。而今天，大家每天刷手机的时间可能超过 6 个小时，疫情期间甚至一天刷 10 个小时，但绝大多数人都没有意识到这期间自己已经“路过”了上千条广告。这上千条广告中，你能记得住、说得出的广告内容有几个呢？好像没有。因为用户都是来看内容，不是看广告的。

我当时问自己：什么时候消费者才会主动看广告？我发现只有在电梯这个独特的、必经的场景中，消费者才会主动看广告。因为在电梯场景下，你处在比看广告更无聊的时间和空间中。看手机？电梯里信号不好，而且在电梯里待的时间也不长，拿出手机好像也做不了什么事情。站着的时候目光落在旁边的人身上，还是落在不锈钢门上好呢？这两种选择感觉都不太合适，好像不自觉就会去看广告了。在这个场景下，电梯广告反而帮你打发了无聊，处理了尴尬。

所以，我坚信电梯媒体的价值。我觉得，在面对危机的时候，别人都不敢出手，只有我敢，我就能够走在别人前面，我开创了这个行业，一定会有更大的机会在未来成为这个行业的领导者。

所以，我毅然决然地把过去10年挣的5000万元人民币一次性全部投入到分众传媒的创业中，没有给自己留退路。

其实在当时，我最担心的并不是非典，而是在分众传媒才起步不久的时候，就有嗅觉灵敏的竞争对手会迅速跟上我们的脚步，也开始砸钱铺楼。

而非典恰在这时阻碍了他们的脚步，他们退缩了，我选择冲锋。分众抢在第一时间把一线城市主要高档写字楼的楼盘阵地全部拿下，直接签了5年。

等到6个月后非典疫情结束，分众传媒迎来了中国城市发展的黄金时代。分众也在这6个月中一举覆盖了中国80%的优质楼宇，最终成为中国第二大媒体集团。

所以，我对分众在非典时期成长的总结就是，危机对于有雄心的人来说永远是战机，每一次危机的产生都是改变市场格局的重要机会。

当时虽然遭遇了非典疫情，但我们公司每天都灯火通明奋斗到午夜，最终吸引了办公室同一楼层、就在我们对面的投资机构——软银的关注。所以我一直相信，只要你奋斗的方向是正确的，当努力到无能为力时，世界会为你打开一扇窗。

这次新冠肺炎疫情暴发，我的同事跟我说，他担心疫情之后广告业会受到重创。我当时只说了一句话：你有杂念了。

所谓的杂念，就是你心里一直担心会出现什么问题，会完不成任务，因而无法坚定地去做。而一旦有了这个杂念，你就一定会完不成。

资本市场的起伏

2008 年股市上很多股票的价格被腰斩，不少人很慌张。分众也不例外，市值从 86 亿美元一路跌到 6 亿美元。我说，我都是经历过纵向腰斩的人，前面的 8 都没了，只剩下后面的 6 亿美元。纵向腰斩我都经历过，还有什么可怕的呢？

资本市场需要一个 sexy 的故事？

2008 年，分众传媒经历了一次危机。

2005 年，分众传媒在美国纳斯达克上市，到 2006 年时，市值已经三四十亿美元了。一次偶然的机会，全球最大基金公司的老板来中国，他当时已经 80 多岁了，到中国与中概股的企业家们一起吃了一顿饭。我当时向他请教了一个问题：为什么百度能有 100 倍的 PE（市盈率，Price Earnings Ratio，简称 PE 或 PER），而分众传媒却只有 25 倍的 PE 呢？

他回答："因为你不够 sexy（性感）。百度是一家互联网企业，有无限的想象空间。分众传媒是做物理空间的，据说你已经拿下了中国大部分楼宇，当中国的楼宇盖得差不多的时候，你还能干什么呢？对于我们这些基金来说，通常会看一家公司5年、10年的发展，你的物理增长空间看上去没有百度的大，所以你就不够sexy，你的PE就应该是这样的。”

听完他的回答，我备受打击，当天回去之后，晚上躺在床上辗转反侧，怎么也睡不着。然后，我从广告专业的角度，直接重新定位了分众传媒。

过去，分众传媒的定位是“中国最大的生活圈媒体”“生活空间媒体”。为了让分众传媒看起来更加sexy，当晚我一直在想：资本市场需要什么？

最终，我把分众的定位改写成“中国最大的‘数字化’媒体集团”，英文叫“China largest digital media group”。我在纸上写下这一全新的定位，兴奋不已，因为那个时候，谷歌收购了Double Click（一家美国网络广告服务商），雅虎收购了Right Media（一家私人广告公司），微软收购了aQuantive（一家数字营销及在线广告代理服务商）……许多大公司都在买数字化媒体，打上“数字化”标签，我眼前一亮，觉得自己可以在资本上讲出新的故事，一定可以把PE翻上去。

接下来，我开始按照这个新定位的逻辑去“扩展”公司。

从讲故事走向股价的“纵向腰斩”

分众传媒开始了一系列收购，包括收购做数字互联网广告业务和互动营销服务的公司好耶，收购多家互联网广告公司、很多互联网的手机广告公司等。我将它们都买到分众旗下，为资本市场打造出了一个“sexy”的故事。

这个资本的故事对分众传媒的PE值有没有产生效果？有的，在接下来的2年时间里，分众传媒的市值迅速从30亿美元、40亿美元，一路涨到了86亿美元。十几年前86亿美元的市值其实已经让人看着“很舒服了”。到了2008年初，我甚至已经在考虑卖股票“改善生活”了。

然而，灾难接踵而至。

2008年一季度，分众传媒旗下做手机广告业务的子公司给广大手机用户滥发垃圾短信广告引发争议。我只能把旗下所有短信广告业务统统切掉，但这样一来，资本市场看空情绪被放大，分众传媒的市值一下子跌掉了二十几亿美元。

紧接着，我们遇到了天灾——“5·12”汶川大地震，全国哀痛。

“5·12”汶川地震给人们带来的惨痛，至今仍历历在目。全国人民都投入到了抗灾的行动和氛围中，停止了全国所有的娱乐项目，关注灾情进展。分众也在第一时间组织了财力、人力、物力参与到灾区救助和重建的行动中，同时也停止了全国所有商业广告的播放。但是2008年，我们还没有数字化远程控制的技术条件，无法同步上刊公益内容。所有屏幕关机两周带来的损失使得当年二季度业绩又与市场预期差了很大一截，公司的市值因此又跌掉了十几亿美元。

到8月北京奥运会召开的时候，分众的股价有所回暖。我当时想着如此盛事，公司也应该否极泰来了。于是，我们借此机会到美国做了一个路演，对投资者报了一个预计的四季度净利润数。

但是，上天似乎开了一个很大的玩笑，我们刚刚回到中国，雷曼兄弟就倒闭了。客户因此纷纷取消订单，尤其是当时占了公司收入较大比例的国际客户。结果可想而知，我们四季度的最终实际业绩和路演时报的数字又差了很大一截，公司股价再次下跌。

2008 年就这么一路跌，最后分众的市值从 86 亿美元跌到一度只剩 6 亿美元，硬生生地被纵向腰斩了。

教训：是非即成败

我当初为了给资本市场讲一个动听的故事，把 PE 值做高，做了一系列收购，后果是什么呢？对此，我有一个很大的体会，我对 2008 年经验的总结是：是非即成败。

因为当时我的内心错了，心走偏了。当时，我的心就是想“忽悠”一下投资者，提高市值。当一个人“心术不正”的时候，这个世界不会顺着他的想法走，最终只会让他自食其果。

当你的价值观走偏了，是非走错了，最后的结果也是你来承担，所以叫“是非即成败”。

很多时候，人生的纠结痛苦，来源于短期得失和是非之间的比较。

我想要抬高 PE、提高市值有错吗？讲一个故事有错吗？好像没错，但这些都是短期得失的算计，而不是是非之分。从是非的角度来判断这些事情对不对呢？显然是不对的。

世界的原理就是作用力与反作用力，你做什么世界就回报给你什么，所以在判断方向的时候，不能从短期角度去思考，要从长期角度来问自己，只问是非，不问短期得失；从企业角度，而不是资本市场角度出发。我应该围绕分众的核心价值，从如何更好地服务客户、如何创造更多价值的角度，如何给社会做出更大贡献的方向去发展企业。

所以我将无线、互联网广告等业务都迅速剥离，2009 年重新回归到聚焦分众的主营业务中，深挖分众电梯媒体的价值。价值远远比市值更重要，你有多大取决于你能帮客户做多大。你的市值取决于你创造的价值，所有的市值管理都要回归到价值创造。

给创业者应对危机的建议

非常时期要敢于出手，把危机转化成商机——企业在好的市场中是万马奔腾，在逆境中就会有人一马当先杀出来。这比的不仅是创始人的智力，更是心力、定力。

很多创业者都会问我一个问题，面对各种各样的不确定性，应该如何克服创业过程中的恐惧和迷茫？这可能是他们最大的心理障碍。

虽然大家的行业各自不同，不确定性的来源也各自不同，但其实，每次面对这个问题，我都只有一句话："你要用长期的确定性，应对短期的不确定性。"

确定性的方向

短期的不确定性随时都会来。比如 2019 年底我们对 2020 年 2 月的业绩预期是十几亿元的广告营收，结果因为新冠肺炎疫情，分众 2020 年 2 月的营收只有几亿元。但是我的内心并没有受到太大的影响。因为过去的经验已经让我明白，任何国家和社会每过几年、十几年，都要经历一次市场的不确定性。这其实是很正常的周期性，就像人的一生总会生病，会遇到一些意外，会影响一段时间的生活，但是最终一切还是要回归到平常的轨道。

中国不断发展，经济体量也在不断扩大。从长期角度来说，我们生在这个国家很幸运，生在这个时代也很幸运，中国不断强大是一个确定性的事件。中国 GDP 曾经占世界 GDP 的 1/3，但在鸦片战争之后下滑了；改革开放之后，又再次崛起。

我这代人的成长历程，从 20 世纪 90 年代创业开始，经历了中国 GDP 排名从世界第 30 位、第 20 位变成“世界第二”的过程，何其幸运。这是长期的确定性。

我们生长在伟大的时代和国家，这是确定性的事情，其间碰到的不确定的事件都显得不那么重要。无论是 2003 年的非典，还是 2020 年的新冠疫情，抑或是未来可能发生的黑天鹅事件，都不用忧虑。当下的环境有短期的困难，但长期一定是向好的，要相信国家和美好的时代。

对企业来说，则要找准经营中确定性的方向，坚定地走下去。2003 年，我将全部资金投入创立分众时确定的是“心”。当时，我怎么判断宏观环境呢？非典能判断吗？非典之后怎么样？我都不能判断，也不知道后面会迎来黄金五年。当时，我只确定一颗心，我相信这件事情一定会成功。这次疫情也是，我非常清楚分众未来的发展方向，只要坚定地朝着这个方向去努力前进，短期的不确定性并不能影响公司的长远发展。

任何一家企业都要相信自己的品牌、产品和服务。对企业而言，关键是要有定力地确信，什么是企业长期的价值和生意的根本，而不是每天忙于追逐一些眼下的东西。用长期的确定性应对短期的不确定性，就不容易恐惧和迷茫。

对于很多企业来说，没有守住长期的价值和生意的根本，即使守住了现金流，还是会慢慢死去。

当一家企业有真正的价值，有为社会解决独特问题的能力，有能够满足消费者未被满足的需求的产品或服务，有强劲、执着的雄心，有足够的信心在中国市场上乘风破浪，就一定会成功，赢得未来。

从另一方面来看，危机也是战机、商机。2003 年非典的出现，推动了在线购物的发展，淘宝、京东等线上商业平台纷纷崛起，掀起了整个消费市场的电商化浪潮。这次新冠疫情又一次大幅度地提升了电商化的发展，例如生鲜领域的苏宁菜场、每日优鲜、叮咚买菜、盒马鲜生，医疗领域的好大夫在线、平安好医生、微医互联网医院，教育培训领域的猿辅导、学而思网校、作业帮，都持续走热，市占率大幅提升。

延伸阅读：

关于电梯媒体，这六个已经根深蒂固的认知可能是错的[1]

从某种意义上说，电梯媒体作为规模庞大但为数不多的线下品牌引爆设施，是一个观察中国商业格局变化的“水晶球”，几乎每个品牌“破圈”都是从电梯间投放开始的。

有人开玩笑：每天在楼下看 5 分钟的分众广告，就知道今天中国上演着哪些商战。

在对大量的企业进行访谈后，笔者发现了一些十分有意思的“认知黑洞”，即一些广为流传、深入人心的“对电梯媒体的误解”。

于是，我产生了把这些经典误读记录下来的想法。或许，你也可以在其中找到自己的影子；或许，从此掌握了一种新的品牌引爆方法。

误解 1　电梯媒体是暴力美学，广告语不用那么精细打磨

我们就拿占据赛道七成以上份额的分众作为解析的主体吧，毕竟它最有代表性。

在很多人的心目中，分众是依靠魔音贯耳式的重复，把要引爆的品牌信息硬生生地灌入消费者的心智。

1　作者：陆星集，资深媒体人、作家、互联网史研究者，从 2001 年开始报道中国科技和创新产业，曾服务于数家知名科技媒体及 BAT 企业，亦曾深度参与互联网创业。近年来对于企业品牌力建设和品牌发展史尤为关注，有多篇作品引起行业关注。

这种看法其实只对了一半，或者一小半。

分众暴力美学式的重复、重复、又重复是表象，其实质是在用户已经饱和的心智里钉入新的品牌认知。

分众上的品牌其广告语很多都很“粗暴直接”，这不假，但必须加一句限制性定语，这是“精心设计的粗暴与巧妙定位的直白”。

所谓的广告语，并不是想出一句漂亮话那么简单，它首先是以企业主对于自己企业的正确定位为基点的。

除了定位准确，我们再看定位语设计的第二个特点。

比如瓜子二手车，“没有中间商赚差价”这句话就封杀了所有C2C（个人对个人）平台在这个方向上的创意努力，因为创无可创，已到极致。

所以，分众创始人江南春经常说一句话：品牌是否能有效引爆取决于品牌是否有一个正确的定位，在消费者心智中找到一个有竞争力的切入点，找一颗足够尖锐的钉子，然后才是使用榔头把这个钉子打进去。好的定位可以用下面这个公式来表示：

一个好的定位＝产品优势点＋与竞品的差异点＋消费者的痛点

那么，把一个定位提炼成一根钢钉要多少成本呢？据笔者所知，目前最好的定位公司，比如君智、特劳特，要2000万~3000万元才能干这个活儿。

误解2　电梯媒体无法立刻带来销量或流量的提升

如果你在分众上打的是“6·18”“双11”大促的告知性广告，当然会带来销量；但如果你打的是品牌广告，希望建立品牌认知和势能，很难立竿见影换来销量。品牌的建立是量变到质变的过程，但一旦越过拐点，就会带来持续的销量提升与突破。

在每天上班或下班的片刻时间，电梯媒体的引爆在于让你记住一个品牌和它的最核心定位，而不是即时导购或者导流。

但是，这世上的事情都是经不住人用心琢磨的，许多品牌真的琢磨出了利用分众结合其他手段和资源带来销量（流量）的办法。

比如，食品类的妙可蓝多一般会在电梯媒体投放的高峰期，配合性地安排卖场的广告和地推，每天楼里魔音贯耳，谁不想试试?

互联网公司干这事更是得心应手，饿了么重点在写字楼投放分众，同时在写字楼密集地推，预装量和下单率嗖嗖地上涨。

飞鹤奶粉投放电梯媒体的第一年，就在母婴终端举办了10万场迷你秀妈妈教育活动，三年之后是一年53万场的迷你秀活动，空中强大的广告火力加上终端强大的地推活动，大大缩短广告起效的时间。

很多时候，巧妙运用分众，可以帮你把一分钱掰成两半花。比如，你可以在具体城市的广告里，落款当地卖场的地址为它们导流，用来交换卖场内部的资源。又或者，你可以在分众广告上落款天猫与京东搜索框，提示用户上天猫、京东购买，这样就可以到天猫、京东用分众广告来免费换取流量。

例如阿里投资分众后，为分众打通了与天猫的数据回流，在分众上打的广告，哪些楼宇的人看到过都可以有数据回流至客户的天猫数据银行，客户可以追踪有多少人曝光、有多少人产生兴趣（加关注、收藏），然后针对这群看过分众的人在天猫站内再次追投，其转化率明显高于没看过分众广告的人群。

误解 3　上电梯媒体必须要有极大的预算

笔者接触到的许多企业在电梯媒体的起投金额都是几亿元级别的，但这并不意味着分众的门槛就是亿元级别的。

精心设计，有时候的确可以少花钱多办事。比如，分众的目标是“引爆”，就是打透、打得你忘不掉。

但是，如果你预算有限，可以先减少“杀伤”面积。比如预算不够同时在 20 个二线城市投放，那可以在更有示范效应的北上广深投放，先投这四大战略要地，锁定核心人群。如果强攻几个城市的预算也不够，可以选择集中优势火力在客户终端最强的地方、在你认为潜在用户最多的地方投放。

如果预算有限，无法饱和攻击，也可以选择精准打击。例如可以挑销售终端 3 公里以内的楼宇，如果是高端产品可以选择高端楼盘，如果是母婴产品可以在分众的后台系统中选择母婴产品购买率更高的社区。虽然达不成引爆效应，但精准投放会帮你影响最可能使用你、选择你的原点人群。

误解 4　分众主要在大城市，而我要下沉

主流城市、中高收入人群、饱和攻击、核心引爆，这可能是你对分众的初步印象，认为分众不太适合在下沉渠道去进行品牌引爆。

其实，你可以把分众想象成一架飞机，有头等舱、商务舱和经济舱，总能把你带到目的地。

分众每天触达的目标受众是 3 亿中产，他们分布在我们极其广袤的国土上，为了说明分众能够对他们同时释放引爆的力量，我举一组数字：

分众目前自建引爆设施的城市有192个，但是通过广泛的和下沉地区性的电梯广告企业联盟，可以触达350个城市的引爆资源；分众还有影院映前广告业务，这项业务能够覆盖300~500个城市，对下沉城市年轻人群的覆盖有特别的效果，毕竟这种场景的专注感更强。

笔者还要分享一个观点，品牌影响力有一个总体趋势，那就是从高到低的流动性，即国际品牌的势能能够影响国内，高线城市的势能能够影响低线城市，主流消费群体可以影响次主流群体。

正如段永平所说，广告是做给20%有消费影响力的人看的，其余的人都是跟风的。品牌首先要打透3亿城市主流人群，因为他们定义了品牌，引领了潮流。

误解5　我够有名了，不用再引爆了

这句话也是真理之中夹杂谬误的典型。

用户的心智是有限的，一旦进入了就很难出来。但时代在变，品牌认知一成不变、过于固化，就很容易老化。

大白兔、正广和原来是人们心目中的首选，现在仍驻留在用户心中，但还有多少人会买呢?

有时候越是固化的认知，越容易倒在因固化而老化的路径依赖之上。

21世纪初的波司登是国民羽绒服品牌，也曾被认为品牌老化。但从2018年起，波司登重新定位“专注羽绒服42年，畅销全球72国”，全面提升产品力，引入全球设计师，参加各大时装周，在分众上将全新的品牌定位充分引爆，迅速回归主流市场，赢得了城市白

领、中产精英人士的青睐，销售额破百亿元，力压加拿大鹅等国际品牌。

分众提供的是屏幕，但屏幕里的内容总是变化无穷的。

笔者曾认为，分众就是标准的产品广告，内容无非是品牌广告或促销硬广，但现在发现广告主太会玩了。

电梯媒体的形式越来越丰富，除了传统的梯外电视和梯内海报，还增加了可以在梯内滚动播放的智能屏产品线，播放精短有趣的视频内容。

比如，娇兰将网红李佳琦的直播内容直接放在分众的智能屏上在全国扩散，而不是播放单调的促销或品牌广告。

又比如，中粮长城干红与《我和我的祖国》电影内容组合植入，在分众智能屏上播放。

再比如，许多社交媒体上网红明星种草的内容也经常在分众智能屏上播放，分众智能屏摇身一变就成了电梯版抖音。

你若时时焕新，就总是后浪。

误解 6　强调品牌引爆，是一种品效分离的做法

品牌并不总能合一，但可以充分协同。

有一种传统的看法是，线上流量产生效果（转化或消费），线下引爆塑造品牌。在没有互联网大数据的时代，你的确可以这么认为，但今天早已不是如此，随着分众的日益智能化，线上线下的流量闭环正在形成。

随着新基建的推进，我们的整个社会生活都在进入数字化 2.0 时代，分众电梯电视的数据化和网联化也早已开始。简单说就是，电

梯电视的人群数据可以通过整个淘宝系的数据中台进行精准回流并在淘宝天猫站内二次分发，用户可以利用“分众 + 天猫”这种组合形态，让人群在各种屏幕端持续追加注意力，直到产生转化。

我还可以告诉你，就像当年英特尔给所有标注 Intel inside 的电脑企业广告补贴一样，在分众广告加一个天猫搜索框就可以直接从天猫换量，分众渠道在天猫能换来额外的增量。

我知道这听起来很神奇，但在万物互联的时代，“品效结合”不再是一句空洞的口号，数据孤岛的时代一去不复返了。

第四章

穿越危机，走出经营困局

品牌的差异化价值

在一个同质化的社会当中，真正能够帮助你度过危机，在商业战争中胜出的，还是品牌化。其核心就是品牌的差异化价值，消费者选择你而不选择别人的理由。

进入消费者主权的时代，企业认为自己是什么不重要，企业在消费者的心智中是什么才是关键。企业如果只管理内部，不能让产品在消费者头脑中建立一个清晰的认知，就是没有管理好企业外部。你的产品即使做得再好，也很难让消费者形成认同、产生认购。

经过 2020 年的疫情，市场格局和消费者端都在发生着变化，大家能更清楚地认识到：只有品牌力才是企业的免疫力，能够帮助企业度过危机。

商战的根本，是消费者心智之战

《孙子兵法》中写道，“胜兵先胜而后求战，败兵先战而后求胜”。

这句话的意思简单来说就是：不要轻易去打仗，打仗会劳民伤财。如何能够不战而屈人之兵？孙子说，用“计”。这个“计”指的不是“计谋”，而是“计算”。如何计算出自己一定能赢呢？《孙子兵法》开篇讲了五个字：“道、天、地、将、法”。

天是什么？天是天象、天时，天象是大趋势，天时是时间窗口。你的产品是不是符合时代发展的大趋势很重要，它决定了你会不会成功；找准和抓住时间窗口很重要，即使是符合时代的大趋势，早5年、晚5年也是不行的，既不能落后，也不能太超前。只有在正确的时间窗口进去，符合天时，成功的可能性才更大。

地是什么？地是渠道布局。我们现在说的渠道布局，指的是线上与线下新零售等的打通。

将是什么？将就是团队，一个好的团队对创业企业来说，其关键性不用多说。

法是什么？法是运营管理的效率和激励机制，是企业内部制度和流程规范的合理性和完善性，是不断提升团队运行能力的法则。

“天、地、将、法”都非常重要，但《孙子兵法》中打仗把什么放在第一位？把“道”放在第一位。

什么是道？为什么比“天、地、将、法”都重要？

古语讲，“得道多助，失道寡助”，得人心者得天下。道就是人心。

大家看中国的战争，毛主席对蒋介石，起初几万红军对百万国民党军队，人数相差悬殊，装备也相差悬殊，黄埔军校的绝大多数将领也都跟着蒋介石。但是，毛主席为什么可以带领中国红军取得中国革命的胜利呢？一个非常重要的原因是，毛主席赢得了人心。

早在革命战争时期，面对4亿农民，中国共产党领导的工农红军就提出了“打土豪分田地”的口号。我觉得在提出“打土豪分田地”这句口号的时候，历史的走向就已经决定，因为中国共产党从根本上赢得了广大人民的心。人民群众要跟着毛主席打土豪、分田地，建立一个新中国，这样的愿望已经被强烈地激发出来。

打仗是讲兵力原则的，几万红军的确打不过百万国民党军队，但百万国民党军队也一定打不过4亿农民。当4亿农民要跟着我党我军去开创新中国，开创一个新的未来的时候，没有人能够阻挡。

一旦人心被发动起来，就一定会赢得成功。

在消费者主权的时代，商战的根本就是赢得人心，是打赢消费者心智之战。

商战的根本是打赢消费者心智之战

回过来看中国商业竞争，在过去40年当中，核心要素发生了三次重大改变。

40年前是短缺经济，最能赚钱的是广东人，广东人在生产端、研发端最厉害，“三来一补”，什么都能造、什么都能模仿，所以那时最富的人都在广东。

20年之后，浙江人越来越厉害，“娃哈哈之父”宗庆后先生成了中国首富。他可以把一瓶水、一瓶营养快线卖到几百万个网点，卖到中国的千家万户。这个阶段渠道端最重要，“渠道为王”，谁绑定了最多最广的渠道谁就能赢得市场。

又过了10多年，天猫、京东出来了，消费者想买一个品牌而买不到的可能性变得非常小，天猫、京东、淘宝上什么都有。这时候，渠道端“点多面广”，不再像以前那么重要了，而生产端变成了过剩经济，所有东西都过剩，买一瓶水有很多种选择，买一辆汽车有很多种选择。在这种情况下，影响消费者决策的因素是什么？

消费者面对这么多选择，意味着消费者主权的时代到来了。

这个时候，商战的根本是打赢消费者心智之战。

面对消费者，每一个品牌都必须回答一个问题：如何用一句简单的话，说出自己产品的差异化，说出让消费者选择自己而不选择别人的理由。

商战已经转到了消费者的心智端，相对竞争对手，一个企业如何在消费者心智中取得优势地位？在过剩时代、消费者主权时代，企业的竞争力是什么？

是品牌力赢得消费者心智中的品牌认知，因为消费者有认知才有选择，相对于竞争对手，企业必须形成最有利于自己的差异化，构建品牌认知优势。

在一个同质化现象遍布的市场当中，真正能够帮助企业在商业战争中胜出的最重要的手段还是“品牌化”，创造消费者选择你的产品或服务，而不选择别人的产品或服务的理由。

现在有一个概念叫“算法驱动”。我认为，未来算法不仅能算技术，还能算准人心，算准人心是更高级的算法。技术、流量、精准分发这些都是“术”，不是“道”。真正的道，是人心，是在消费者的心智中建立起品牌认知度。品牌才是企业在商战中最坚固的护城河。

品牌力是企业真正的免疫力

品牌是资产，但无形资产在日常情况下经常被人忽视。经过这次疫情，我相信有更多的企业已经意识到品牌也是一种保险，在关键时候能够“救命”，决定企业的生死存亡。品牌力是企业真正的免疫力。

企业要从同质化竞争中突围，关键就在于产品创新和品牌打造。产品创新后也会有大量模仿者，把蓝海变红海，但是企业可以通过品牌打造、抢占消费者认知优势，这对建立护城河也是至关重要的。

许多企业家问我的问题都是：为什么我的产品质量很好、标准很高，甚至比市场上那些头部品牌的产品还要好，但就是卖不动呢?

我的回答是：虽然你做好了产品、管好了成本、铺好了渠道，但这些都是在管企业内部，真正的消费决策在外部，在消费者心智当中。当你的产品优势不能转化为消费者的认知优势，就是卖不掉。

在现在这样一个生产过剩的年代，管理好企业内部已经成为企业生存的基础。想要和竞争对手拉开差距，即使把企业内部管理做到极致，也未必有效。因为在消费者心智中，你的品牌如果不具备与竞争对手相区别的品牌心智认知，那么陷入同质化的价格战、促销战、流量战只是时间问题。真正的商业竞争在企业外部，是争夺消费者心智之战。

做广告没挣钱，那是没做对广告

以前，大家都把品牌广告作为成本项、花钱项看待，市场不好时能压就压、能减就减。广告的本质是挣钱的，如果一家企业做了广告，却没能挣钱，那是没做对广告，这些广告没有找到消费者心智的开关。

德鲁克说，企业只有两个功能：一个是创新，创造差异化的产品和服务；另一个是营销，通过打造品牌成为用户心目中的首选。

一个优秀的品牌战略，一定是同时满足三个“点”：既能体现产品的优势点，又能反映产品与竞品的重大差异点，更能弥补消费者需求的痛点。

/ 案例拆解 /

王老吉凉茶

以前，王老吉凉茶只是一个地区性产品，卖了好多年都只有一两亿元的营收。他们去上海调研，发现上海人认为凉茶就是隔夜茶；到北京调研，发现北京人认为凉茶是喝了会肚子痛的茶。

王老吉凉茶看上去根本不可能在全国大卖。

但是后来，王老吉通过找到“怕上火，喝王老吉”的定位，再通过广告的饱和攻击，就把销量打开了。它在消费者心智中建立了一个认知：吃火锅怕上火喝王老吉，吃烧烤怕上火喝王老吉，熬夜、吃夜宵怕上火喝王老吉……它在消费者心中形成了一个条件反射，成为消费者怕上火的一个默认选项。

在打出这个广告战略后，王老吉第一年的全国销量就冲到了12亿元；第二年上升到了25亿元；十几年后，它的营收更是一年达到250亿元。可口可乐在中国一年卖100亿元，农夫山泉一年卖170亿元，而好像也不怎么解渴的凉茶居然能卖到250亿元，这还有天理吗？

它成功的核心就是找到了消费者心智的开关。

/ 案例拆解 /

洽洽小黄袋

2019年，瓜子品牌洽洽开始全面进攻每日坚果领域，推出了“洽洽小黄袋”。每日坚果的市场中已存在多个品牌，但并没有哪家已成功在消费者心智中建立了品牌、产品认知。洽洽抓住这个时间窗口，在分众上饱和投放每日坚果的广告，抓住了消费者的一个心智开关——“买坚果，保鲜最重要，保鲜不到位就会有油哈味”。

坚果时间久了有股油哈味，非常影响口感和营养。这是一个生活常识，消费者几乎都有过这种体验，因此这个点马上引发了关注。然后洽洽说：我拥有关键保鲜技术，荣获国家科技进步奖，所以买每日坚果，认准洽洽。

这个广告在分众上大量投放后，一两个月洽洽的坚果产品销售量就开始暴涨。

再比如溜溜梅。溜溜梅2019年10月重新定位为“酸一点就吃溜溜梅，含天然有机酸”，该广告在省会城市投放后，许多人在电梯口看见就有酸的感觉，直流口水，这就是所谓的“望梅止渴”。当年10月电梯广告饱和攻击，春节前溜溜梅就卖脱销了，供不应求。

所以说，一句广告语不仅仅是广告那么简单，它真正反映的是企业的产品战略，而这个产品战略成功的关键就在于有没有找到消费者心智的开关。

定位是一种引领，所有的竞争都要回到消费者端去看问题，重构企业的资源配置。战术是什么？战术是相对于竞争对手，一家公司如何取得优势位置。战略是什么？战略是调动公司所有资源，让取得优势位置的那个动力得以最大化，力出一孔地去实现目标。

所有公司都应该围绕如何确定一个好的定位、如何强化这个定位去布置资源，突破现有资源的限制。

也有许多人认为，做品牌不如搞促销、抢流量见效快。

从眼下的销量来说，可能的确是，但搞促销、抢流量不能解决你的生意长期发展的根本。一直搞流量做促销，到最后不促不销，只会陷入商业的恶性循环。品牌广告投放有一个从量变到质变的拐点。这个拐点会根据产品的不同而在不同时点出现，有时候在投放广告后，经过一两个月才会出现，有时候甚至要等上半年、一年。找准品牌定位，考验的可能是企业家的智力；而打造一个成功的品牌，更是考验企业家的心力。

不是每个企业都能拥有品牌的，只有那些有真正的好产品，找到品牌的差异化价值，并抓住时间窗口，在传播上持续投入引爆，在渠道和用户运营活动上不断投入优化的公司，才能赢得品牌战略的拐点，赢来量价齐涨。

数字化

在线化、数字化是中国各行各业的必然趋势，新冠疫情让我们再次深刻理解了 IBM（国际商业机器公司）在 20 年前的广告：要么电子商务，要么无商可务。

2003 年的非典危机，最终推动了在线购物的发展。淘宝、京东都是在非典的背景下崛起，推动了整个消费市场的电商化浪潮。而这次新冠疫情又一次大幅度地提升了电商化的发展，特别是在生鲜领域，叮咚买菜、盒马鲜生、苏宁菜场、每日优鲜等，仿佛一夜间普及度大增，大家闭门不出，很多人每天丌闹钟在线抢菜，甚至在不同的平台同时下单。

与此同时，石榴云医、好大夫在线、平安好医生、微医等互联网医院也都迎来了爆发式增长。猿辅导、学而思网校、作业帮等代表的在线教育也获得了指数级增长，迅速普及开来。在线化、数字化是中国各行各业的必然趋势，新冠疫情让我们再次深刻理解了 IBM 在 20 年前的广告：要么电子商务，要么无商可务。

被误解的数字化

知名营销专家肖明超曾说，今天很多企业误解了数字化的内涵，以为拥有了“两微一抖”，做了几场直播，开设了一个小程序，就拥有了数字化能力。

企业实施数字化战略，是一个从品牌价值传递到消费者体验，再到供应链整合和即刻响应与交互的过程，而数字化营销只是数字化能力体系建设的一个环节。

今天，中国的所有企业都面临着两个重要的挑战：一是人口红利消失了；二是流量红利结束，流量成本不断上涨。所以精准分发、算法驱动不断被提及。

但企业如果没有产品溢价能力、没有品牌引领，单靠自己的算法和数字化能力，是无法达到平台的算法效率的。2020 年新冠肺炎疫情发生后，可能很多传统企业才发现，仅仅依靠“跟风”和热点营销，是根本无法让自己的品牌顺利产生数字化的竞争力的。

分众传媒数字化变革的启示

如果两年前遇到此次新冠疫情，分众还处在原有的运营模式下，可能至少在疫情发生的第一个月内，将束手无策。正如罗振宇所说：你喜欢岁月静好，其实现实是大江奔流。

在一个黑天鹅满天飞的不确定的环境中，任何一个企业或个人，企图躺在旧有的模式下一成不变，那迟早会被舒适区杀死。

最近几年，越来越多的新品牌和传统品牌，都在加大对分众电梯媒体的投放。这其中的原因，一方面是分众传媒的电梯场景媒体价值在信息爆炸的时代得以凸显，另一方面也得益于分众在两年前开始推动数字化变革，使得电梯广告实现了在线可分发、数据可回流、效果可评估、投放可精准。

2018 年，阿里巴巴战略入股分众传媒后，全面推动分众展开了面向未来的数字化变革与探索，分众正在努力成为全球领先的数字化线下媒体公司。

第一，在线可分发。

从最早的技术设备使用插卡播放，每周人力更换每台设备的存储卡，到如今使用云端在线推送，5 分钟内即可完成广告上刊推送。在新冠疫情期间，大量社区封闭，分众通过云端广告推送让屏幕保持正常运作。2019 年，分众已将绝大部分屏幕都物联网化了，可以远程在线监控屏幕的播放状态，做到广告播放永不间断。分众在阿里云上对所有设备进行总控，如果有设备出现问题，后台立刻会有人感知，及时处理。这种技术的升级换代，也大大降低了公司的人力成本。

第二，数据可回流。

分众与天猫数据银行的后台得以打通，实现数据回流，累积客户的品牌数据资产，获取投放分众传媒的曝光数据和兴趣人群的转化数据。与其他线下媒体不同，企业在分众上的每一次广告投放不仅仅是硬广的播出，还可以将投放数据回流到天猫数据银行，是客户品牌数字资产的累积。这是其他线下媒体所没有的。

第三，效果可评估。

客户在投放结束后，可以在天猫后台的数据银行中得知通过投放分众带来了多少曝光人群，比如：在这些受到分众广告触达的人群中，有多少人转化成兴趣人群，多少人发生了加购、关注、收藏等行为；在“6·18”“双 11”期间，看过分众广告的人群中有多少人转化成购买人群。客户可以通过天猫对这部分人群进行在线追投，更加精准地触达潜在用户，加强消费者对自身品牌的忠诚度。

这是线下媒体以前不可想象的，阿里巴巴过去两年赋能分众进行了数字化变革，让分众取得了原有模式的升级，差异化竞争力得以大幅提升。

第四，投放可精准。

分众的智能屏可以根据每个楼宇的大数据分析，进行电梯海报和电梯智能屏千楼千面的投放。比如，一线城市宝马 7 系可以选择每平方米均价 10 万元以上的楼盘，宝马 5 系可以选择每平方米 7 万 ~10 万元的楼盘，宝马 3 系可以选择每平方米 4 万~7 万元的楼盘。比如波司登的“登峰系列”价位在 5000 元，肯定不是大众消费者可以买得起的，就挑选一线城市每平方米七八万元以上的楼。楼价从某种程度上是资产和收入的象征。

比如装修公司、建材家电可以根据楼龄选择刚交楼的或交楼 8 年以上的楼，还可以根据终端网点在周边选楼。

疫情期间，大家都不出门了，餐饮行业面临很大的挑战。我们精准地围绕西贝 200 多家可送外卖的店周围 3 公里，高频投放“西贝外卖，值得信赖”的广告。西贝外卖是餐饮界的标杆，有保温防漏等各种设计，还推出外卖安心卡，针对特殊时期的厨师、装餐员、快递人员，全程进行体温监测追踪管理，告诉大家不出门就点西贝外卖，因为西贝是值得信任的。

通过搜索数据和电商数据，我们还可以分析不同楼宇里的人对什么品类消费感兴趣，例如哪些楼宇里的人对旅游的兴趣指数高，哪些楼宇里的人对理财、购车的兴趣指数高。通过大数据，我们能够确定哪些小区购买哪类产品的概率相对更大，如母婴、旅游、理财等关注点，分众有 200 多个维度的兴趣标签。

自此，分众传媒不再是一个单纯的线下展示渠道，而是在前沿探索数字化的媒体公司。

数字化是企业的必由之路，也是企业竞争力的象征。在数字化之前，品牌深入人心是更关键的。

我们要准备好，万一有一天再遇到黑天鹅事件，只要有网络，客户随时随地都可以完成完整的投放操作。

分众的数字化系统

未来的媒体行业没有线上和线下之分，只有数字化和非数字化的物种差异。以前的传播是人找广告，现在是广告找人，广告会根据每个人的购物兴趣、生活习性、社交习惯等推送，这是一个越来越精准的时代，数字化转型已成为行业大势。

数字化转型，不是简单的运营形态和管理的变化，而是一个产业的变化。媒体上刊、媒体运营、监测精准化、运营效率提升、效果转化等都会是一个巨大的进步。线下媒体的数字化转型需要实现一个要素：投放平台化和程序化。

和电视、互联网等媒体不同，线下媒体因其复杂性和不规则性，传统模式下选点、投放、换刊、监测、评估都需要依靠人工操作。

如今，这一模式正在被彻底打破。

2019年，分众传媒结合现代科技算法，开发了分众媒体新一代智能广告投放及发布系统，并于当年9月正式上线。它是电梯媒体的自动化挑点和投放系统。该系统把分众的全国媒体资源全部统一在线上管理，投放颗粒度非常小，可以实现任意点位从按周投放进化到单屏按小时购买。它通过实时动态化的库存及订单管理、在线化的排播和素材管理、智能化的排片及设备管理、自动化的上刊推送，把广告投放全程介于互联网技术监控之下，还把图像识别技术运用于投放运营中，不仅节约了成本，还提高了效率。

该系统的上线运用标志着分众“从手工操作到内部系统化，再到外部平台化”的跨越，分众传媒在2020年疫情期间依然像互联网媒体一样，不受疫情影响。线上远程完成广告投放，正是得益于这一智能广告系统的高效运行。此外，该系统还可与互联网公司对接打通，实现在分众系统内的程序化购买媒体。2020年1月，分众该系统还完成了与阿里妈妈的深度对接，实现了外部DSP（数字处理信号）的在线询量、线上线下媒体投放的无缝对接，这也标志着分众实现了从内部系统化操作到外部平台化操作的跨越。

把品类机会变成品牌机会

所有人的机会其实不是机会，所有人的灾难也不是灾难。企业要抓住短期机遇，变成自身品牌的长期动能，把一个品类机会变成自身品牌崛起的机会。

顾客是有选择惯性的，是经验主义的。新品牌想要突破消费者的选择惯性和经验主义，再培养新的认知、新的习惯，是非常困难的一件事，所以抓住属于自己品牌的时间窗口，尤为重要。

所有人的机会不是机会

在非常时期一些特殊行业反而会受益，比如医药行业在疫情期间的销量很好。在疫情期间，这些从业者会问："现在我们的维生素卖得特别好，都已经供不应求了，这个时候我们还需要做品牌宣传吗？"

如果因短暂的非常时期受益，就认为可以放弃推广品牌，是非常错误的，甚至会失去一次绝佳的抢占市场的机会。因为所有人的机会不是机会，所有人的灾难也不是灾难。

尼尔森进行的一项全球消费者研究显示，全球消费者的不忠诚程度正在上升，只有 8% 的受访者认为自己是最喜欢品牌的忠诚拥护者。

亚太地区 47% 的消费者愿意更换品牌或尝试不同的产品，紧随其后的是非洲和中东（45%），以及拉丁美洲（42%）。北美和欧洲的消费者更换品牌的可能性较小，分别为 36% 和 33%。

46% 的全球消费者表示，与 5 年前相比，他们更有可能尝试自己从未尝试过的新品牌。在北美、亚太地区和西欧的发达市场，1/3 的消费者喜欢新产品，而在亚太地区（50%）、拉丁美洲（49%）、非洲和中东（42%）等发展中市场，更大比例的消费者被新产品所吸引。

疫情总会过去的，对于行业或你的企业发展来说，这只是一个短期事件。我们要用长期性的眼光来看待这次新冠疫情带来的变化和企业自身的发展。

疫情期间维生素突然脱销了，销量暴涨，可能一两个月就被抢空。但是到了第三个月、第四个月，销量还会维持这么好吗？一方面，当市场上大家的商品供应都充分了之后，短暂的热销行情很快就会改变；另一方面，随着疫情逐渐得到控制，大家的心态回归到正常时期，消费冲动也会降低。那时，当柜台上再次有了那么多维生素品牌可以让消费者选择的时候，消费者在有购买维生素的意愿时，首先想起来的可能还是善存、汤臣倍健，然后会在电商平台上主动搜索品牌，完成指名购买。

就此次疫情来说，这个特殊时期给医药类企业带来的品类机会只有短暂的两三个月的时间。在这两三个月里，医药类企业应该在消费关注度非常高的时候，一方面加大力度去进行品牌广告投放赢得差异化价值的用户心智，另一方面用公益来赢得用户的好感。

也许在某个特殊时期，某个品类获得了某种外力带来的激励，但这是整个品类行业的激励，企业有没有抓住这个短暂的品类机会，将它变成自己品牌崛起的机会？

短暂的品类机会总会过去，之后品类机会带来的红利就会趋缓甚至消失。如果我们在这个机会时间点里，既抓住了获客的机会，也能借此机会出击，一举建立起消费者对自己品牌的认知，就能够在疫情过去后也继续被用户选择。品牌只有在用户心智中成为常识、成为标准、成为不假思索的选择，才能保持持续的、强有力的成长。

要把一个短期偶发性的机遇，转变成长期动能，该出手时要出手，把品类机会变成打造自身品牌的机会。

/ 案例拆解 /

康恩贝

康恩贝旗下产品金笛口服液的广告语是：“喉咙痛，用中药，选金笛”。喉咙痛是大家生活中经常会有的症状，金笛的广告定位就是要建立消费者认知，扩大市场需求，把产品变成人们家中的常备药。

头孢是常用的消炎处方药，但在消费者心智中，是尽量避免吃头孢的，那么在喉咙痛的时候，他们就会条件反射地想到金笛口服液这款产品。

产品销量反映营销效果，金笛在2019年10月开始在分众上推广这个品牌定位。之后几个月，它的产品销量上涨了4倍。

而在疫情期间，康恩贝没有收缩推广计划，而是立刻在原计划上加大了投放力度，同时在广告语上又加上了两句话，告诉用户：咽喉是抵抗病菌的第一道防线，金笛提醒您，保护咽喉很重要。

这时候，康恩贝的广告就带有公益性质，提醒大家保护咽喉，守护好健康。

另外，金笛在分众的屏幕上打广告时，每块广告屏上的落款都是投放当地的连锁药房。由于广告向各地的药房导流，因此金笛会向这些药房换取线下销售对金笛的“首推权”。喉咙痛的人进药店之后，导购优先推荐金笛，产品迅速脱销，销售额暴涨，从一两亿元涨到了5亿元。

品牌应该抓住任何一个合适的机会与消费者建立或强化关系。疫情可以封闭小区，但是封闭不了大家的心智。夺得人心，才是生意得以长久的关键。

/ 案例拆解 /

在线医疗

疫情期间，很多医院不能随便进，在线医疗行业呈现爆发式增长。好大夫在线打出了“能找到21万公立医院医生的医疗平台”的广告，大家看病完全可以不出门，在手机上就可以看到三甲医院的名医，给大家提供很好的服务。好大夫在线通过这个广告把品类机会做成了品牌机会，疫情期间让消费者牢牢地记住了好大夫在线，品牌知名度获得了快速上升。

同样是在线医疗，石榴云医也同样抓住了这次品类机会。石榴云医选择的是行业另外一条跑道——“慢性病救治”。疫情期间，慢性病患者不方便去医院开药怎么办？上石榴云医呀。石榴云医将广告语定为“慢病复诊不出门，药品直接送到家”，开创了非常好的差异化价值。

如果每个在线医疗平台都宣称自己有多少万三甲医院医生在线，消费者就会混淆，对每个品牌的认知也会变得模糊，各个平台的差异化价值就很难建立。于是，石榴云医聚焦“慢性病复诊”这个领域。

而且在别的平台看病可能只能咨询、开处方，石榴云医还能直接买药，把药品直接送到家。由于石榴云医有强大的处方药供应链、药品库做支撑，这种差异化价值通过“慢病复诊不出门，药品直接送到家”这个品牌定位清晰地展示出来了。

石榴云医开创了差异化的价值，抓住了时间窗口去完成饱和攻击，最终固化了消费者认知。消费者以后复诊慢病，没时间去医院会找谁？找石榴云医。

这是一个典型的在行业中找到差异化价值，然后通过品类机会，固化成为品牌认知，让自己的企业就此取得长足发展的案例。

延伸阅读：

关于媒体广告价值的拨乱反正[1]

数字时代的中国媒体格局，正在经历从传统媒体向新媒体的“断舍离”式转场。

自移动互联网普及以来，“革命”这个词满天飞，各个媒体机构正在经历历史上从来没有的变化，这次变化比 20 世纪末的整合营销传播更加汹涌澎湃。很多概念和事件存在着或割裂、或对立的偏激思想，忽左忽右、忽东忽西，忽而割袍断义，忽而重温旧梦，看似往来穿梭、潇洒惬意，实则观念浮躁、章法难寻。

拨乱反正、消除混乱、扭转乱象、归于正道，是理解媒体广告价值的当务之急。

媒体广告价值思考之一：变化的表象与不变的本质

在众多新生媒介力量不断登场的变革时代，首先要确认哪些是变化的、哪些是未变的。即使变化，还要分清哪些是气象性变化、哪些是气候性变化。把不变当成了变化，那是过度敏感；看不到变化，那是迟钝。二者都要不得。

大多数人都高估了市场的变化速度，忽视了没有发生变化的重要性。实际上，“变化”重要，“不变”的东西也重要。

1 作者：丁俊杰，中国传媒大学教授、国家广告研究院院长、教授、博士生导师，《国际品牌观察》杂志社社长。研究领域为城市品牌、广告学、媒介产业经营、新闻学、新闻传播教育，多年来潜心致力于品牌塑造与品牌传播领域的研究，是国内知名的广告教育专家、品牌专家。

随着广告实践的巨大改变，人们很容易忘记广告仍旧是一种传播工具。姑且不谈具体的广告计划或具体的战略目标，至少沟通的本质没有变。

广告的成功毕竟要靠有效的沟通，必须要从沟通的角度看待广告目标。没有沟通，广告很难达到目标。一个媒体的广告价值直接取决于沟通效果，即如何更好地帮助企业完成与顾客的连接。

媒体广告价值思考之二：将“人与媒介”的关系混同于“人与广告”的关系

根据360公司发布的《中国智能手机依赖调查报告》，中国手机用户日均解锁122次，深度手机依赖症患者（每天接触手机超6.6小时）高达12.4%，接近一半的用户零点后还在玩手机。与此同时，35.5%的网络视频用户有过付费看视频的经历。

两个事实放在一起，我们可以看出一些端倪：消费者主动接触手机，也在主动回避广告，聚集流量不等于聚集广告注意力。

人与媒介的关系不等于人与广告的关系，人与媒介的关系越来越紧密，人与广告的关系却可能越来越疏离，所以人与信息载体的亲密不代表人与信息之间的亲密。

媒体广告价值思考之三：关系与资源媒介的两种不同传播逻辑

这是一个媒体价值和分类标准正在重塑的时代。

未来媒介分为两类：基于关系的媒介和基于资源稀缺性的媒介。

基于关系的媒介基础是以往作为被传播者的个人具备了相当的传播权力，成为一张庞大的社会流动信息网络的节点，建构了一种生活化的信息流动。这是一种多级的、无中心的传播形态。

基于资源稀缺性的媒介则是一种一对多的信息传播，中心发布，统一把关权威信息流动。

基于关系的媒介和基于资源稀缺性的媒介，二者共同建构了丰富多样的媒介生态群落。

媒体广告价值思考之四：沉浸式与伴随式媒体的分化

受众注意力投入度越来越低，是不得不关注的事实。“低投入度、多线程操作”成为一种主要状态，用户在各种平台、各种连接、各种互动之间不断切换。

根据 eMarketer 的调查，2012—2017 年中国人均每天主要媒体消费时长不断增加。人均信息接收时间从 2012 年的 5 小时 14 分，稳步增长到 2016 年的 6 小时 6 分。其中，人均从数字媒体接收信息的时间从 2 小时 7 分增长到了 3 小时 5 分。

“伴随式”成为一种主要的媒介体验。边看电视边玩手机、边听音乐边看书，这样的情景越来越多。

碎片化的信息浪潮使得信息接收方式越来越流于表面，出现了诸如轻阅读、短视频等形态。

媒体广告价值思考之五：“场景”和“场所”的连接

媒体与“场景”和“场所”的连接成为决定其价值的重要因素。

根据 CTR 媒介智讯《2017—2018 年媒介广告刊例花费变化》，影院视频、电梯海报、电梯电视成为三种增长最快的媒介形态，而报纸、杂志和交通类视频则是三种降幅最大的媒介形态（见图 4-1）。

基于生活场景的媒体经营整体较好，基于固定场所的媒体经营普遍下滑。

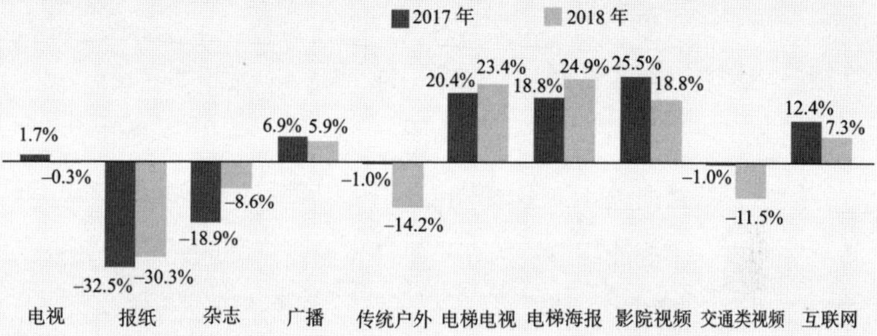

图 4–1　2017—2018 年各媒介广告刊例花费变化

数据来源：CTR 媒介智讯。

CTR 媒介智讯也认为，当前的媒体生态圈基本上呈现三足鼎立的格局，以 CCTV（中央电视台）为代表的传统媒体具有高覆盖和高公信力的优势，以 BAT 为代表的互联网媒体具有高连接和强互动的属性，以分众传媒为代表的新型生活场景媒体具有高到达和高匹配的品质。

的确，你在看电视时和你在电梯里的场景、信息体验完全不同。相对而言，电梯场景意味着四个关键词：主流人群、必经之路、高频接触、封闭低干扰环境。

媒体广告价值思考之六："精准"和"规模"的再思辨

虚拟世界和现实生活之间可能存在巨大鸿沟，单纯通过社交媒体"晒"出来的信息来推演网民真实的生活状态，无论数据分析模型多么先进，都难免具有很大的误差和不确定性。目标消费者和潜在市场的研究、分析难以保证深入和全面，存在臆测或过于依赖在线数据的倾向，反而忽视了广告学理论强调的以真实生活的洞察和调研为基础，形成目标消费者定位和传播策略的科学方法论。

在“假性数据”和“假性对应”的指导下，由于基础和过程的偏差，很多本该列入潜在消费对象的受众却以精准为由被剔除了，而很多不是潜在对象的受众却由于“假性数据”而被纳入了广告传播的目标。

所以，在当下的媒体实践中，我们可以看到一个自相矛盾的现象：一方面，某些新媒体运营者不断打出一些新概念，翻新一些新理念，诸如绿色营销、神经营销等，宣称“精准”和“个性化”；另一方面，广告价值的评价标准还依然追求传统媒体的受众规模，疯狂追求“流量规模”和“粉丝规模”。

媒体广告价值思考之七：引爆主流是一种“结果”，更是“过程”

美国著名记者卡尔·克劳（Carl Crow）曾经在中国经营广告公司十年。1937年，在离开中国大陆之前，他在代表作《四万万顾客》一书中感慨：“这个国家如此之庞大、如此之复杂，永远不会让人感到无聊和平庸，而且人们对它知之甚少，只要多走走，你总会有些新发现和惊喜。”

有人说，在中国市场上可以做成功的营销，在全世界都能成功。一线、二线城市和三线、四线城市的消费者处在一种共时性竞争结构下，从创新扩散的视角来看，如何抓住核心受众群体是关键问题。

分众传媒江南春在演讲中就认为，四亿中国城市人口中，每天有三亿人能够看分众，每天五亿人次的主流消费群到达率，覆盖了中国70%~80%的消费力。而这个群体，恰恰是引爆主流的第一批传播节点。

第五章

有效定位
占据时间窗口

品牌如何写出有效定位的广告语？

为产品确定广告语，我认为这不应该是宣传部门的工作，而应该是老板本人的职责。因为一句有效的广告语，反映的是企业产品的战略方向，是企业资源力出一孔的方向，而不是表面上单纯为了吸引消费者眼球。

实现“三点式定位”的3个方法

一个好的品牌定位一定是一句简单又好记的话，如何找到这句话、做出正确的定位呢？我通常用的最基本、最简单的方法，可以将其总结为“三点式定位”：

1. 一定是自身产品的优势点；

2. 一定是与竞争对手的差异点；

3. 一定是目标用户的痛点。

只有三点合一，才能做出一个有效的品牌定位。如果上述三点不能共通，设计的品牌定位只满足其中一点或两点，那么这个定位必定是有缺陷的。除此之外，还要看这个定位能不能引发消费者的共鸣，有没有足够的市场空间，符合不符合未来的市场趋势。

至于如何实现这三点合一，我还总结了 3 个方法。

第一个方法叫逼“死”老板。

每年，我都会见至少 1000 个客户。这也是我对自己的一个硬性要求，因为只有面对面地沟通，才能对每个行业、每一种新兴品类有较为清楚的了解，我才能提出最适合他们品牌的建议。每当与这些企业老板见面时，我最直接的方法就是逼“死”老板。

他们通常会花半个小时、一个小时的时间来向我介绍他们的公司和产品，耐心听完之后，我都会问他们一个问题：“你能不能只用一句话，说出让目标用户选择你的产品，而不选择竞争对手的理由？”

很多企业家打算做广告的时候，都是站在自己的角度去思考。但其实消费决策并不在企业内部，也不在行业内部，而是在消费者端。如果消费者在认知中对你说的“优势”难以产生共鸣，你的产品、技术再好也没有用。

还有，企业总是想把所有优点都讲给消费者听，动不动亮出“三大优势”“七大卖点”，往往消费者最后一个点也没记住。消费者的心智容量有限，企业必须抓住最重要的一个点，将其变成一根尖锐的钉子，牢牢打进消费者心智。

而我逼着老板只能说一句话，这句话通常就是他最舍不得放弃的，也是最重要的一个产品优势。

第二个方法叫访谈销售冠军。

在全国各地的销售人员中，那些销售冠军（以下简称销冠）之所以成为冠军，一定是因为他们有意或无意间，向用户说对了什么。

销冠在一线，是最近距离面对消费者的员工。他们经过多年的历练，知道说什么最能够说服消费者，让消费者产生共鸣。

访谈销冠其实非常有意思，他们可能从一些你从未想到过的角度出发，让你理解对于消费者来说，他们最在意的你的产品的优势到底是什么。因为销冠的销售话术是在现场被反复验证过的，这些话一定是有道理的、有说服力的。

第三个方法叫寻找忠诚客户。

很多企业经营多年，积累了一批忠诚用户。在这些用户的大脑中，一定有一个选择你而不选择别人的理由。这些忠诚客户不仅自己购买，还向他们身边的人推荐这个产品。那么当他们推荐给亲戚朋友的时候，通常都会说些什么？

他们说的这些话，就是自己使用的体会，是能够打动他们的点，也是可以打动他们身边人的话，一定是一个好句子。

广告语反映品牌竞争战略

一句广告语，大家不要认为只是一条宣传语，只是市场部的工作。广告语反映的是企业的品牌竞争战略，我认为这应该是老板的工作。

在通过前面的方法找到产品品牌定位之后，关于如何评判这条广告语到底对不对，我仍然总结了 3 个办法：第一个是“顾客认不认”，第二个是“销售用不用”，第三个是“对手恨不恨”。

比如“怕上火喝王老吉”这句广告语，顾客会认，这是一款预防上火的饮料；销售会用，他们会说“江总，你看你嘴角都裂了，天这么干燥，怕上火喝我们王老吉呀”，这是有销售力的句子；对手会恨，其他做凉茶生意的老板听到“怕上火喝王老吉”，就感觉像一座大山挡在面前，绕都绕不过去，都不知道该怎么出手，他恨不恨？

再换一个青岛纯生啤酒的例子。首先，“青岛纯生，鲜活人生”这句广告语相对而言就比“怕上火喝王老吉”要弱一点。因为“青岛纯生”和“鲜活人生”之间很难形成条件反射。“怕上火喝王老吉”“困了累了喝红牛”“小饿小困喝点香飘飘”，这些行动的条件反射比较明显。“鲜活人生”听上去层次很高，但在消费者脑中形成条件反射的能力并不太强。

其次，销售人员会不会用呢？“江总，喝啤酒喝我们青岛纯生，它会带给你鲜活人生。”在销售现场，他们会用这样的话吗？它显然不是一句很有销售力的话。

再看对手恨不恨呢？假设我也是做啤酒品牌的商家，听了“青岛纯生，鲜活人生”这句广告语之后，好像不会有什么情绪，我的品牌该怎么出手还是怎么出手。

可能会有人质疑，按照这个说法，耐克的“ just do it”（只管去做）、阿迪达斯的“nothing is impossible”（没有什么不可能），这些“层次很高”的广告语难道也是错误的吗？

不，它们都对，但你不行，因为这些超级大品牌早已站在制高点。

在最初创业的时候，耐克会不会打出“just do it”这句广告呢？它不会。创业之初，它一定会说“我是科技领先的运动鞋”；过了

30 年，品牌力强大了，它会说“我是顶级运动员的装备”；再往上走，当全世界消费者都知道耐克是顶级装备，连乔丹都穿耐克的时候，它就可以只表达价值观“just do it”了。

广告语只表达价值观，这是厉害到不能再厉害的品牌才可以做的事情。创业型的公司就学习它们在创业初期是怎么说的，强品牌就学习它们在成为强品牌后是怎么说的。在成为顶级品牌以前，你没有资格把广告语说成价值观。

可怕的是，今天很多人觉得顶级品牌那样的广告语很有格调、有境界，于是也依葫芦画瓢。“just do it”是随便可以用的吗？你的品牌是不是行业中的顶级品牌，有没有几十年甚至上百年的历史和品牌积累？只有成为顶级品牌，在消费者心中的产品认知已经高到“越过了山丘”，用价值观作为广告语才会有影响力。

很明显，定位式语言往往可以跟竞争对手形成有效抗衡。

言语大于语言

一个有效的定位，通常是非常口语化的句子。所有的传播，比如分众传媒这样的媒体发挥的作用只能叫“播”，播出去占一半的功劳，另外还有很多人互相“传”，占了另一半的功劳。比如“怕上火喝王老吉”“困了累了喝红牛”就很容易被传播。而红牛的另一句广告语“你的能量超乎你的想象”，听上去格调很高，却很难传播。

如果广告语不够口语化，那么播出去了之后，传播路径也很容易被切断，就像断了一条腿。

比如，开长途车或晚上加班，怎么样提神？如果接“困了累了喝红牛”就很顺，但是接“你的能量超乎你的想象”就很奇怪，人们通常不会这么讲，于是传播路径就被切断了。

《诗经》是唱出来的，不是写出来的。德国哲学家马丁·海德格尔说：“言语大于语言。”言语就是口语，语言就是文字，口语的力量远远大于文字的力量。口语的音律好、押韵，就很容易被传播，说起来朗朗上口；而如果只有书面语，就切断了知识和信息的传播路径。

如何从消费者的角度给企业做定位？

对于品牌而言，消费者认知大于事实——只有被用户感知的创新才叫创新，产品创新更要让消费者有创新感。产品优势只有转化成消费者的心智优势，才能构建品牌的护城河。

1969年，杰克·特劳特和艾·里斯提出了“定位”这个概念。我认为定位理论在中国特别有价值。为什么这么说？因为中国的商业竞争有个很典型的特点：行业竞争非常容易同质化。

在有些国家，消费市场没有中国那么大，大家更愿意各自拿一块不同的蛋糕。如果你做了这个产品，别人会选择反方向走，或者换一条路去走。但在中国激烈的商业竞争中，往往比拼的是同样的产品，我要做的比你更便宜。

这种想法是非常危险的。

1972年，杰克·特劳特和艾·里斯在《广告时代》杂志上发表了《定位新纪元》一文，“定位”一词随之开始进入人们的视野。

1980年，两人合著的商战书《定位：争夺用户心智的战争》出版，再次引领了市场营销学界的“定位”潮流，并成为广告学界经久不衰的畅销书。

创新是给消费者带来差异化价值

我认为每个企业家都必须问自己：“你到底为社会提供了什么独特的价值？你存在的理由是什么？消费者选择你而不选择竞争对手的理由是什么？”

所以定位理论在生产越来越过剩的时代，在消费者主权时代变得特别重要。这是中国市场能否摆脱同质化陷阱，走向创新发展的关键。

不同企业在不同的竞争格局中，需要用不同竞争角度的思路和方法。

如果你的企业已经是某个市场中的老大，最直接的方法就是用广告语说出自己就是“老大”。比如“果冻我就吃喜之郎”“烤鸭就吃全聚德”“装修就上土巴兔”，或者说“上天猫，就够了”，不用去别的地方了。

市场中的“老二”则通常是做一个特性。对比阿里说“上天猫，就够了”，京东的特性是“多快好省”，所以京东说“多快好省上京东”。

市场中的“老三”要做垂直聚焦，把某个细分领域做深、做透。比如“一个专门做特卖的网站——唯品会”，垂直聚焦只做特卖，在特卖这个领域，唯品会更专业。

当市场上已经有了“老大”“老二”“老三”，“老四”还想进入，就要开创新品类，比如拼多多。前面三位都是做电商的，拼多多就开创一个新模式，做社交拼团。

“老四”在无人地带降落，开创新品类，相当于开创了一个差异化价值。比如瓜子二手车直卖网，个人卖家卖给个人买家，没有中间商赚差价——直卖网就是一个新品类；高档装修不用大理石，就用简一大理石瓷砖，大理石就是大理石，瓷砖就是瓷砖，简一做的是大理石瓷砖，它就成了一个新品类。

无论你处在哪种竞争格局中，第一步都是要从市场和消费者的角度出发，找到适合自己的定位方法。

“信任状”的 7 种写法

找到了确定的定位方向后，写出来的广告语消费者就会相信吗？

在如今的商业环境中，想要取得消费者信任是一件很不容易的事情，因为消费者心智中没有安全感。这个时候就需要品牌向消费者提供“信任状”，取得消费者信任。

怎么写信任状呢？通常有 7 种写法。

第一，表明产品热销。

比如一年 12 亿人次都在喝香飘飘，喝掉的瓶子足够绕地球多少圈；3 亿人都在用的拼多多；有 54% 的人在链家网找到了合适的房子；等等。

消费者是有从众心理的，大家都说好那他们就会认为真的好。表明自己的产品热销，就是顺从了大家的从众心理。

第二，表明受意见领袖青睐。

产品刚推出时进行推广，一个非常有效的方法是请意见领袖来帮忙。

钉钉刚开始推广的时候，请了很多知名企业家代言。钉钉当时的广告画面上有创新工场李开复、滴滴出行程维、大众点评张涛、海底捞张勇等知名人物，广告语是："我们都在用钉钉，让工作更专注。"几位意见领袖都说钉钉让工作更专注，他们的企业都在用钉钉，其他公司很容易就会跟随这几位行业大佬，也纷纷开始用这个软件。（而现在的钉钉，广告语已变为了"热销"——"1500万企业组织正在使用钉钉"。）

再看农夫山泉，想要扩展餐饮行业的市场，请了3位国厨做代言，在广告中说："我用农夫山泉为各国元首烹饪美食。"

第三，表明自己的品牌是领导品牌。

多数消费者会优先考虑购买行业领导品牌的产品，觉得买领导品牌总不会错。

比如老板牌油烟机的广告语"中国每10台大吸力油烟机，6台是老板，老板大吸力油烟机"。

只要有数据证明，就可以表明自己是行业的领导品牌。客观、数据化的语言可以让消费者产生信任。

第四，让专家推荐品牌。

比如：舒适达——"全球牙医推荐"；雨虹防水——"专注防水20年，鸟巢、水立方指定供应商"，消费者一听，鸟巢、水立方都用的防水产品，那质量肯定好呀！

人们对专注于某个领域的专家或权威，会更容易建立信任，会觉得这些产品做得更专业、更安全。

第五，表明自己的品牌历史悠久。

消费者通常会认为，历史悠久的品牌在相关领域经验最丰富，因此选择历史悠久的品牌更有安全感。品牌可通过创始年代、品牌传承等方式展现其悠久传承。这种方法适用于各种老字号、能找到历史依据的品牌。

如王老吉凉茶“创于道光年间，185 年的正宗配方”，席梦思“146 年科研成果”，国窖 1573“你能品味的历史”等。

第六，表明自己是行业开创者。

很多消费者买豆浆机都选九阳，因为九阳是豆浆机品类的开创者。此类例子还有奔驰“125 年汽车发明者”“汽车发明者再次发明汽车”。

人们往往信任行业开创者，因其原创，更具专业。他们会觉得其他竞争品牌都是开创者的模仿者。

第七，说明自己的产品采用了哪种制造方法。

当大部分产品或服务带给人们的感受相差不大时，可以通过制造方法让品牌与众不同、脱颖而出。制造过程中使用的工艺流程，如祖传秘方、优质原料、特殊部件等都可以作为信任状，让消费者相信这类品牌更好。

比如安吉尔 A6 净水器采用了“美国原装进口陶氏滤芯”；再比如“小饿小困喝香飘飘”开创了全新的体验场景，同时又强调了制造方法——“选用新西兰奶源 + 印度红茶，一年 12 亿人次在喝”，通过对制作方法的精细描述，打消消费者对冲泡奶茶是否不够健康的忧虑。

记得住的广告语

益普索发布的《2019 年中国国内流行广告语受众调研报告》显示，碎片化时代，品牌建设越来越难，但这并不阻碍拥有广泛影响力的国民品牌的诞生。2019 年，抖音的“记录美好生活”、瓜子二手车的“没有中间商赚差价”、飞鹤的“更适合中国宝宝体质”三大品牌广告语高度契合消费者的核心需求和痛点，获得回忆度最高的“2019 热门流行广告语 Top10”前三名。

根据被访者回忆，前十大广告语的主要记忆渠道是电梯媒体，占比高达 81%。

广告语的引爆成为消费者集体的品牌记忆，主要有两个核心要素。

第一是所占据的位置。以分众传媒为例，分众近年来被称为“最具品牌引爆力的媒体”。因为电梯是城市的基础设施，是城市主流人群上班、回家的必经之处。电梯这个日常的生活场景代表着四个词，主流人群、必经、高频、低干扰，这四个词正是今天引爆品牌的核心稀缺资源。分众占据了中国电梯广告市场 70% 左右的份额，其电梯媒体可以辐射 3 亿在城市生活的主流消费人群。现在电梯媒体拥有的主流消费人群为很多品牌引爆市场提供了较好的机会，这些消费群体也成为各品牌广告的争夺目标。

第二是强制性传播方式。如电梯，使得媒体在某一个特定时空成为输入信息的窗口，而此时，受众具有较高的注意力和集中度。

电梯由于这两大优势，成为这个时代为数不多还保持着正增长的传播渠道中具有引爆品牌能力和制造流行广告语的主流阵地。

其实，广告语最重要的作用就是表达了品牌的精准定位。Keep 的“怕就对了”、洽洽的“掌握关键保鲜技术，每日坚果认准洽洽小黄袋”，好慷的“超级会做饭，就是做饭家”，都跻身“2019 突出品牌独特性广告语 Top10”前三名。

分众传媒已经全面升级了电梯媒体。这些升级，不仅有外部的升级，还有数据的升级。在消费升级的大背景下，消费者对生活品质的不断追求，也为创意产品、健康食品、生活服务等类别的产品提供了潜在的市场机会。老品牌不断焕新，新品牌也不断涌现。

《2019 年中国国内流行广告语受众调研报告》显示“2019 年口碑广告语 Top10”的前三名，分别为西贝莜面村的“闭着眼睛点，道道都好吃”、易车的“价格全知道，买车不吃亏”，以及妙可蓝多的“妙可蓝多奶酪棒，高钙又营养，陪伴我成长，真美味”。

益普索报告调研显示，前十大口碑广告语的传播主要以电梯媒体为主，其次是互联网媒体。

创新后的时间窗口为什么如此重要？

中国人的创新能力很强，但模仿能力更强。如果没有抓住创新后几个月的时间窗口，牢牢抢占消费者心智中的“第一”，那么创新给企业带来的蓝海会迅速因为模仿者的涌入而变成红海，也就失去了创新给企业带来的价值。

时间窗口决定胜负

中国第一位飞天航天员叫杨利伟，而后面进入太空的航天员的名字，几乎没什么人能说得出。

时间窗口决定胜负，中国的每一位宇航员都付出了艰辛的努力，但是在杨利伟之前或之后，中国的航天员都很难被记住。因为在杨利伟之前，中国飞天航天员这个时间窗口是开放的，没有人进入。当 2003 年杨利伟乘神舟五号飞船首次进入太空并成功返航，国内外媒体纷纷报道“杨利伟是中国第一位飞天航天员”，他就占据了这个时间窗口，也同时在人们的心智中形成了提到“中国飞天航天员”

就想到杨利伟的条件反射。企业也一样，一旦和某个“第一”画上等号，就关掉了竞争对手进入用户认知的大门。

在每一个竞争性行业中，大家大多只记得数一数二，数三的企业就很难占领较大份额的市场空间。未来，品牌集中度会越来越高，技术领先和商业模式优势不再是根本壁垒，只能为一个品牌开创3~12个月的时间窗口。企业要抓住这个时间窗口，进行品牌广告饱和攻击，把产品定位像钉子一样，牢牢打入消费者心智中。首先占据消费者心智的才是第一。

好概念很快就会被抢，企业要以最快速度抢占时间窗口。

知识产权vs心智产权

注定成功的产品有两种。

其中之一是拥有不可逆的知识产权的产品。比如高通、华为、英特尔，这些技术企业每年投入很多经费搞研发，研发成果拿出来别的企业也根本学不会。这并不是因为有专利保护，而是因为这些研发成果是不可逆的。

但中国的消费品市场上很难有这种不可逆的知识产权，企业要追求的是拥有另外一种产权，即消费者的心智产权。

什么叫心智产权？比如，消费者想吃果冻就想到“喜之郎”，想买羽绒服就想到“波司登”，这些品牌就是获得了消费者的心智产权。这时候，虽然市场上有很多其他品牌，但是消费者的大脑中可以说已经没有其他品牌了。

制作果冻有什么技术难度吗？中国人能不能做出比喜之郎更好

吃、更便宜、更健康的果冻？也许都能。但是，喜之郎抓住了时间窗口进行品牌广告饱和攻击。在消费者心中，果冻这款产品是喜之郎开创的，喜之郎等于果冻。家乐福可能上架了几十个品牌的果冻，但在消费者大脑中只有一个品牌的果冻上架，别的品牌很难进入。

我之所以反复讲心智产权，是因为对于商业战争来说，消费者的认知大于事实。企业如果能将产品的差异化价值凝聚成一个尖锐的点，再通过广告饱和攻击打入消费者心智，那么一旦让消费者形成认知并将其固化，就会在个人的心智认知中产生一个条件反射。

比如，“农夫山泉有点甜”，不管它实际上甜不甜，已经在消费者心中种下了这句广告语，消费者就会觉得它比其他水要甜一点。人们基于某个事物形成期望之后，就会向期望不断转变。

孙正义讲过一句话，要做遥遥领先的第一，不然失去利润只是时间问题。因为不管你做什么创新，竞争对手都可以模仿，如果你没有抓住时间窗口成为消费者心智中的第一，一旦被模仿，就会陷入价格战、促销战。最终，你将付出远比广告费大得多的代价。

为什么品牌广告投入后却感觉不到效果？

做品牌不是一蹴而就的，必须坚持越过拐点——做品牌是从量变到质变的过程，有正确定位的广告开始可能只带来知名度及认知度的上升，只有越过拐点，才会有销售暴增的效果。

我们前面谈了如何找到自己企业定位的一些方法，因为如果定位不正确，后面就不用谈了，打了广告后即使知名度上升也不会积累品牌势能，不会产生销量。

实际上，即使品牌定位是正确的，在打了广告品牌势能累积之后，销量也未必能够立刻暴涨。因为品牌广告不是速效救心丸，打品牌广告是一个由量变到质变的过程。

品牌广告不是速效救心丸

流量曲线可能刚开始的时候起来比较快，但越往后越慢，随着流量成本的上升，利润会越来越薄甚至出现亏损。

品牌曲线通常开始的时候起来比较慢，逐渐积累，品牌势能转变为销量需要经过从量变到质变的一个拐点，过了这个拐点之后，销量就会迅速上升（见图 5–1）。

过这个拐点到底需要坚持多久？可能要 2 个月、5 个月或 8 个月……根据产品情况和市场情况等不同，需要坚持的时间也不同。这个时候，企业家一定要有定力，因为在拐点出现之前，可能只能看到品牌的知名度、认知度上升，看不到销量的明显上升，但一旦越过了拐点，会看到销量的巨大溢出。

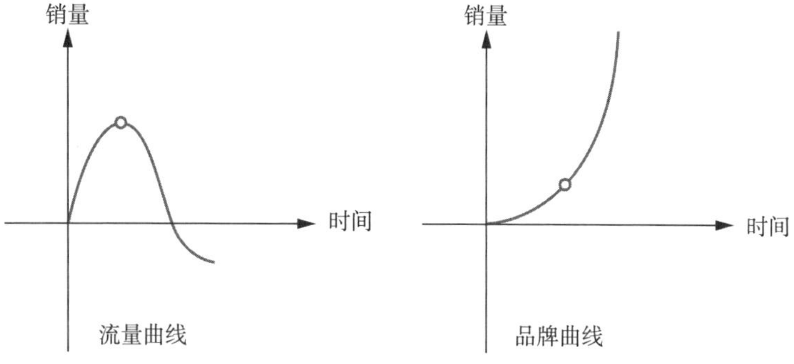

图 5–1　流量曲线和品牌曲线

/ 案例拆解 /

飞鹤奶粉

2015 年，飞鹤奶粉的市场份额在中国排名第七，营收大概为 36 亿元。当时，飞鹤打出的品牌广告是“飞鹤全产业链呵护宝宝的营养与健康”。

而当时的行业背景是，国产奶粉笼罩在三聚氰胺事件的巨大阴影之下，国人更愿意相信国际品牌，认为国际品牌专业安全，中国品牌被压制了。在这样的背景下，飞鹤调整了一个全新的定位：“更适合中国宝宝体质。”

其实刚开始，飞鹤对自己的优势定位是这样的：

“我们的奶源来自北纬 47° 黄金奶源带，这是世界上最好的奶源带；这个地方昼夜温差很大，根本不用打农药，没有农残。叫‘飞鹤’是因为我们在丹顶鹤的故乡——黑龙江克东县，牛吃的东西质量非常好，并且是喝着苏打水长大的。

我们种的苜蓿草，蛋白质含量很高，牛吃了之后产出来的奶，乳蛋白含量超过 3.5 克、3.6 克。我们有五个博士后工作站，产品配方非常精良，工厂比达能、雀巢的还新。

我们是中国奶粉品牌中唯一全产业链的，从种草到养牛，再到挤出来奶、喷成粉，只要两个小时，足够新鲜。”

飞鹤奶粉的品质非常高，但是再好的产品，一旦产品优势不能转化成消费者的心智优势，销量就不会喷薄而出。飞鹤如果直接告诉消费者，飞鹤全产业链呵护宝宝的营养与健康，比国际品牌更专业、更安全，在当时的背景之下显然不具有说服力，消费者不会接受。

所以飞鹤的新定位，必须跟竞争对手反着走，要给消费者提供一个“选择我而不选择竞争对手”的理由，顺应消费者认知。

“更适合中国宝宝体质”传达出了“虽然国际品牌奶粉专业、安全，但是我更适合中国宝宝体质，55 年专为中国人研制奶粉”的意思，凸显了飞鹤与国际品牌间的差异性，既超越了竞争对手，又让对方完全无法覆盖自己。国际品牌奶粉就不能说更适合中国宝宝体质，它们的生产地注定了它用不了飞鹤的广告词。

于是，飞鹤率先在国产奶粉市场上，取得了一个非常好的认知差异点。接下来，飞鹤就按照这个品牌策略去打广告。但是在刚开始 8 个月的广告投放中，飞鹤的销量并没有明显增加。为什么打了 8 个月的广告还不起作用呢？尽管我们今天看来，这是个非常正确的策略，但在那时大家会疑惑，这么多的品牌广告投入是不是做错了？

因为对绝大多数父母来说，给小朋友选奶粉是一个重大的决策，在当时三聚氰胺事件的背景下，国产奶粉很难让父母们在短时间内建立信任。而且那时候国际品牌的势力很强，想让消费者相信飞鹤更适合中国宝宝体质，需要一段时间品牌势能的累积。飞鹤董事长冷友斌当时非常坚定，认为既然选择了这个方向就一定要有定力，“更适合中国宝宝体质”这个特点要坚持住，这个品牌广告要持续打下去。

在广告打到第 10 个月的时候，飞鹤的品牌曲线过了拐点。

重新定位后的第一年，飞鹤奶粉的营收规模从 36 亿元涨到了 40 多亿元，第二年涨到了 59 亿元，第三年涨到 104 亿元，第四年

（2019年）涨到137亿元。根据2020年3月飞鹤公布的财报，2019年飞鹤的利润有39.35亿元，比五年前的营收还高。其半年报则显示，2020年上半年，飞鹤实现营收87亿元。

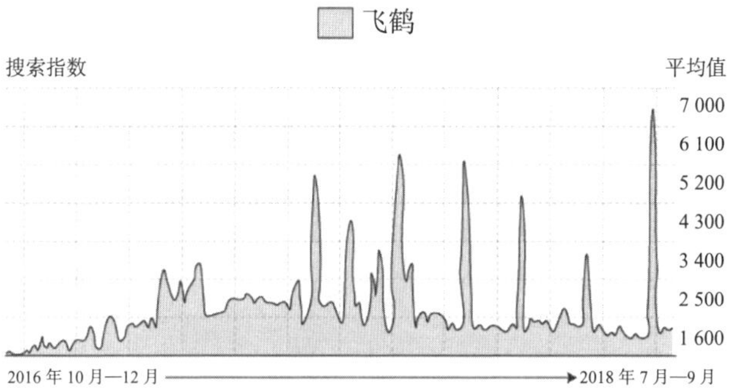

图5–2 飞鹤在分众投放期间的百度搜索指数变化

飞鹤这家公司有50多年的历史，但是在最近5年当中赢得了巨大的成长。其中非常关键的问题是，把产品优势转化到了消费者的心智中，让消费者了解了产品的差异化价值。2019年11月13日，飞鹤正式在港交所挂牌交易，发行价计市值超过670亿港元，成为港交所历史上首发市值最大的乳品企业。如果飞鹤奶粉在第8个月的时候没有坚持住的话，今天中国市场上就不会有这么成功的1600亿元市值（2020年10月数据）的奶粉公司。

打品牌要集中引爆，力出一孔

有些公司预算有限，却喜欢分散式的打法，每个地方都打上几拳，这其实什么用也没有。在今天信息碎片化、粉尘化的世界中，企业如果将预算分散，东一点、西一点，其实在每个地方都不会产生效果。

有限预算一定更需要集中引爆，否则量不够，形不成穿透力——要想打赢争夺消费者心智的商战，用力是要讲压强的。那企业能不能穿透阻力，将品牌定位一下子打进消费者大脑当中？一旦穿进去，定位就在消费者心智中固化了。前文提到的“果冻我就吃喜之郎”这句广告语，其实是20年之前的。但是这么多年过去了，大家对它的印象仍然非常深刻，因为它已经固化在消费者的大脑中了。

一个品牌要引爆，固化在消费者心智中，需要有两个工具。

首先是要有一颗尖锐的钉子，企业要把产品的差异化价值通过前文所述的方法，打造成一句表述核心品牌战略的广告语，变成一颗非常尖锐、有效的钉子，并找到一个合理的位置（时间窗口）。其次，要有一把有力的榔头（传播媒介），用榔头将这颗钉子敲进消费者的心智中。

光有尖锐的钉子，没有榔头，钉子是打不进去的；光有一把有力的榔头，钉子粗得像木棍一样，有榔头也敲不进去。合适的钉子和榔头，两者缺一不可。

很多公司定位对，但是没有效果，一个重要原因是广告的投放量不足，没有形成足够的兵力和火力。任何一次战争，火力足够才能确保打赢。

我们举一个历史上的例子。战国末期，秦王嬴政打算攻打楚国，问秦国名将、军事家王翦：“派你去打，你要多少兵力？”王翦说：“60万。”嬴政一听退缩了，因为这个数字几乎是当时秦国的全部兵力了，他觉得风险太大。他又问另一位大将李信，李信说：“我只要20万兵力就可以打赢。”嬴政一听很高兴，20万兵没什么风险，可以试试。结果，李信的20万大军大败而归，损失惨重。嬴政没有办法，再次去找王翦，王翦仍然坚持要60万兵力。这次，嬴政同意了。最后，王翦带着60万兵力灭掉了楚国。

商战也要讲兵力原则、火力原则，要有压倒性的，甚至碾压式的优势。如果预算不够，不能广泛地碾压，可以聚焦一个省或一个城市，在一个范围内把它打透。在信息粉尘化的时代，消费者每天接收的信息量非常大，如果做不到打透的话，消费者根本记不起来。就像上面的例子中，20万兵力只是一次浪费罢了。所以，一定要形成足够的引爆。

第二次世界大战时，全世界有61个国家和地区共20亿人口被卷入战争，共打出了上万亿发子弹，而最终结束二战的可以说是两颗原子弹。蘑菇云一上去，战争发动者的心理就被打散了，停战了。

打仗讲究势能，怎么打透消费者心智，从而一击到位？光有钉子还不够，还要有足够强大的榔头。

降价促销会不会比打品牌更有效？

销量一不好就搞促销，后来就不促不销。这样只会陷入价格战、流量战的恶性循环。一定要做有差异化价值、有溢价能力的品牌，让整个生意进入正循环。只有每一个环节都可以获得合适的价值感，企业才能撬动更多资源。

很多企业一旦产品卖不出去，首先就会觉得是价格贵了，然后开始搞促销、拉流量。销量一不好就搞促销，几次之后就会发现产品不促不销，次数多了，消费者就越来越无感。

促销是双杀，一边是自己的价格下降，另一边是竞争对手也降价。企业原本希望降价取量，其实根本取不了什么量。因为你降价了之后，别人会很快降到更低的价格，大家又开始对峙。企业利润被挫得越来越低，陷入价格战的恶性循环。

"死亡交叉"的陷阱

今天，很多企业都要明白，中国商业中有两个东西是很贵的：一个是房地产，另一个是流量。这就导致整个渠道成本，无论是电商渠道，还是线下渠道都很贵。

企业想要采用流量战、价格战，利润只会被渠道成本所吞噬。对企业而言，最好的办法是开创一个差异化价值，发展出一个新的概念，提供一个独特的理由，然后用广告去饱和攻击，将产品的品牌定位打进消费者心智。

这样一来，消费者心智中就有了一个选择你而不选择竞争对手的理由。当这个理由比较充分的时候，产品创新的差异化价值就解决了消费者的痛点、需求点。产品就具备了重要的优势：第一，比较容易成交；第二，比较容易以更高的价格成交。

品牌拥有了消费者的心智产权，消费者就会指名购买，产品会拥有更高的溢价能力，企业也有充分的空间，让经销商有钱赚，让导购有钱赚，让终端有钱赚。只有让产业上下游的各个环节都获得合适的价值感，大家才会乐意共同去做这件事，企业也就撬动了更多的资源和资金，才会成为消费者、渠道商都喜欢的品牌。

企业如果长期实施促销策略，只能在刚开始时取得一些销量，很快就会发觉越促销越无效，消费者端的边际效应递减。此外，促销会不断对产品的利润空间形成挤压，这会出现什么后果？

无论是企业还是经销商、导购或终端，大家都不赚钱。等到这个商业循环变成一个负循环的时候，整盘生意就再也没办法恢复了。

不少品牌在电商平台上经常促销，之前在流量洼地时期，很多网红品牌都一度风光无限。但是流量红利消失后，还想通过促销来拉动营收已经不现实了。一边是价格在往下挫，一边是流量成本在往上走，很容易形成“死亡交叉”，导致亏损。

价格刚开始往下挫的时候可能影响不大，因为销量扩大，企业可以挤压供应商，把价格下降的后果通过供应商降价找补回来。但一旦供应商降价到了一定程度，再也降不下去了，比如供应商降价10%，但是流量成本上涨了30%，这时候依旧会出现“死亡交叉”，导致亏损。

所以，一定要有品牌。为什么电商平台上很多大品牌赚钱非常容易？

第一，它自有流量，比如50%的人是在电商平台主动搜索小棕瓶、雅诗兰黛进到旗舰店的。这些人是品牌的自有流量带来的，不要钱，不用花流量成本。现在要靠买流量去赚钱不容易。

第二，同样在“6·18”“双11”期间买流量广告，不同品牌得到的效果肯定也不一样。大品牌的知名度和认知度高，转化率也会比别的品牌高。

第三，强品牌带来更大的流量价值，在电商平台活动期间敢于买最好的展示位置。强品牌能把流量都吸引过来，转化率又高，在“6·18”“双11”期间最好的展示位置打广告，还能赚到钱，别的品牌这么做就会亏损。

只有品牌力强、产品的溢价能力足够高、流量广告的转化率高，才能应对今天流量成本不断上升的问题。

以雅诗兰黛为例。“雅诗兰黛”作为集团的同名原创品牌，自进入中国就专注高端市场的开拓。2014年，雅诗兰黛进驻天猫后，线上业绩的飙升速度惊人。

2019 年 11 月 3 日，雅诗兰黛成为首个进入天猫十亿俱乐部的成员，风靡全球的“断货王”小棕瓶眼霜更成为天猫“双 11”第一明星爆款。天猫数据显示，从 10 月 21 日预售开始，店内每 2.3 秒就卖出 1 瓶小棕瓶眼霜，总共售出了 52 万瓶，按照这个速度计算，仅在天猫“双 11”预售阶段，中国剁手党就买走了全球全年四分之一的小棕瓶；如用重量换算，消费者在“双 11”预售阶段就囤走了近 8 吨眼霜。

可以看到，雅诗兰黛由于足够大牌，在“双 11”这样的电商平台活动中敢购买最好的展示位置，将大牌的品牌势能集中变现。但如果本身是一个不太知名的品牌，即使用电商平台的头条广告位去推，可能也就是提高几百万元营业额，最终还可能亏钱。所以，流量本身很多时候还是要靠品牌，品牌才是真正的核心关键。

那么，对于一家初创企业来说，可不可以不走“品牌营销”之路，而是靠“性价比”走出一条突围之路呢?

在今天的中国商业当中，真正靠性价比成功的公司已经客观存在了，比如美的的整个规模优势已经显而易见。今天还想创造一个美的这样的企业，已经不现实了。这些在中国改革开放初期形成的巨无霸公司，早已具有了强大的规模效应，它们能够把成本控制得足够好，规模效益足够高，已经占领了中国的大众市场，在消费者心智中固化了。别的企业再怎么降价，想做性价比也不可能胜过这些巨头公司。

所以，市场的后入者最好能创造一个有差异化价值的、有更大溢价能力的公司，让整个商业模式形成正循环。

/ 案例拆解 /

良品铺子

良品铺子的定位叫“高端零食领导者”，它的竞争对手是三只松鼠。三只松鼠最大的特点是特别会玩流量，特别会促销。

面对这种情况，良品铺子选择反方向走——三只松鼠很会促销，走低价路线，那么良品铺子就更加要做高端零食领导者，做消费升级。同时，良品铺子顺着这个逻辑出发，请吴亦凡、迪丽热巴等当红明星代言，并针对目标消费者大多为较高收入的城市主流消费人群，选择分众传媒，大规模投放品牌广告。

事实上，我们后续在与消费者的访谈中，发现消费者普遍觉得良品铺子的产品更高端、更好吃、原料更高级。

良品铺子打出“高端零食领导者”这一品牌定位两年之后，2019 年营收 77 亿元，利润 3.4 亿元，已经超过三只松鼠。后者在 2019 年虽然总营收突破 100 亿元，可是利润下滑了 22%，仅为 3.1 亿元。三只松鼠的利润变稀薄是一种必然，因为如果没有品牌势能引领，流量红利一结束，流量成本一上升，曾经拥有的优势就可能都不复存在了。

2019 年底，良品铺子在一线二线城市高端零食第一提及率达到了 53%。2020 年 2 月 24 日，良品铺子登陆 A 股市场，上市当天总市值达 68.7 亿元，截至 7 月市值已突破 300 亿元。

延伸阅读一：

2019 年中国营销大事记[1]

所有人都确定一件事：生意好不好做，取决于能否看得懂市场。

市场竞争的核心是什么，一句话就可以说明白：有品牌的消费品比没有品牌的机会大得多，活得好很多。

比如：在品牌端，老品牌如波司登、飞鹤、妙可蓝多等投入巨资进行品牌升级、品牌引爆；新品牌如完美日记、元气森林、HFP（Home Facial Pro，护肤品牌）等迅猛增长，直播形态开始和电商结合，带货能力加强。

趋势一：短视频和直播等领域全面商业化，打起“种草带货”大旗

2019 年“双 11”期间，仅仅在淘宝一个平台，直播就带动了近 200 亿元成交额。

在快手，根据大数据分析平台炼丹炉的统计，排名前十位的带货达人总计为 11·6 购物节贡献了 7 亿元。

有人戏称 2019 年是“直播电商元年”。

为了加强带货能力，淘宝、抖音、快手都加强了在相应方面基础设施的建设。不管是“种草带货”还是知识付费课程，一直都很

1　作者：陆星集，资深媒体人、作家、互联网史研究者，从 2001 年开始报道中国科技和创新产业，曾服务于数家知名科技媒体及 BAT 企业，亦曾深度参与互联网创业。近年来对于企业品牌力建设和品牌发展史尤为关注，有多篇作品引起行业关注。

火爆……似乎"网红 + 直播 + 带货"成了分享新消费红利的唯一康庄大道。

但是笔者认为，没有对"种草带货"进行深入的品牌分析，盲目地夸赞它威力无穷，是不负责任的。

稍微注意一下就可以看到，"种草带货"只是消费过程中的最后一环，它是秀场也是平台，在很大程度上通过煽动消费者的冲动情绪而完成销售闭环的最后一击。但是，消费的最初起心动念是如何产生的呢?

一份数据显示，"种草带货"其实只对两种形态的产品有较大的效应。

第一种是价格击穿认知底线的货品。它们大多被称为"源头好货""产地品牌""厂商直供"，以初级农产品、日用品为主，其核心特征是"无品牌"，完全靠主播营造的消费场景出货，价格在百元上下或以内。

第二种，自带品牌能力的名牌货。无论是高端品牌还是低端品牌，其共同特点是知名品牌。

以淘宝为例，可以发现，带货的绝大多数仍然是国际品牌，雅诗兰黛、欧莱雅、资生堂等国际品牌在 2019 年取得超过 30% 的增长，都排在 2019 年"双 11"天猫美妆销售排行榜前五名。

这告诉我们，没有品牌势能的白丁，完全靠自发的碎片化传播借势赚钱已经很难，更不要说走入新锐品牌的行列了。这也证明了"碎片化传播 + 网红带货"不是万能的。

记住，不是不好，但不是万能。

趋势二：媒体碎片化、粉尘化，中心化引爆设施稀缺

传统电视、传统媒体、综艺节目等在 2019 年显得有些失意。

笔者的调研发现，绝大多数电视机厂商在 2019 年只公布销售数据，很少公布生态数据、用户数据和开机率，显然这些数据不太好看。

我们可以看到，2019 年有关部门三令五申限制电视开机广告，这从某种意义上反映出，受众对这种形式的广告越来越反感；而互联网视频平台端有 7 亿~8 亿的总用户，其中付费会员高达 3 亿，这表明有消费力的城市人群通过这种方式“去广告化”已经成为大势所趋。

能够一次性向几亿人群进行强势品牌引爆的平台已经不多了。在这里，笔者不得不提分众。

分众在过去十年的移动互联网经济中，一直是品牌引爆的风向标。很长时间以来，人们评价某个品牌是否正在或者可能引爆品牌，甚至在讨论两个竞争品牌谁能取胜时，很重要的一个观察窗就是它们在分众的投放数量和投放方式。

分众为什么能持续引爆品牌呢？

相应的分析已经很多，笔者只重复两个关键点：第一是它所占据的位置，每天可以影响 3 亿必须在城市里进行工作和活动的中产核心群体；第二是它的传播方式，使得它在某一个特定时段，是唯一可以输入信息的窗口。

拥有这两大优势，加上其不断丰富的方法论，分众成为这个时代屈指可数的还在不断成长的核心引爆平台。

趋势三：品牌成为核心竞争力，新老品牌争焕新

现在整个经济的改革集中在供给侧，供给侧改革的核心之一是品牌的焕新升级。

波司登就是一个特别突出的例子。波司登曾经是一个“老牌、便宜、质量还行、千元上下”的老品牌，花巨资在英国的牛津街建立了一个规模庞大的门店，但因为没有很好的品牌背书，这种千里走单骑的经营努力失败了。这之后，才有我们见到的全面对标加拿大鹅、请国际顶级设计师设计联名款、请好莱坞明星代言、做万元高端极地服装……这一切努力又通过分众的品牌引爆击穿用户的心智，使得大量的波司登线下店出现了多年不见的顾客拥堵的情况。

为什么老品牌能够如此“轻易”地完成品牌升级?

其实，老品牌升级最重要的不是进行了什么微观的品牌操作，而是如何把这些品牌重塑的信息分发出去，尽可能叩击主流人群的心扉。因为主流人群具有很强的社会影响力，他们的心智承载并重新定义了品牌，引领了潮流，从而进一步影响更年轻、消费欲望更强烈的另一部分主流人群的心智。

趋势四：存量博弈，头部品牌崛起

在越来越多的人聚焦并寄希望于互联网的力量、吃尽增量的红利之时，存量领域的博弈也越来越激烈。

存量领域的博弈和增量领域不同，由于存量市场大都是由中高端或者知名度较高的国民品牌所占据，所以这些领域内的品牌厮杀更为激烈，品牌也成为更为关键的因素。

波司登羽绒服就是一个典型的在存量市场中搏杀的案例。随着波司登的强势崛起，成为中国版的“加拿大鹅”，以前和波司登定位相似的如鸭鸭、千仞岗、艾莱依等国产品牌，和波司登价位类似的优衣库等品牌必然受到强大挤压。

另外，由于中国市场强大的承托能力和制造优势，很多存量市场正在出现高端品牌向头部品牌、国内品牌向国际市场跨越的趋势，其中最有代表性的就是国产手机市场。从2019年的数据来看，即使叠加了贸易摩擦等因素，中国智能手机在总量上也已经超过苹果、三星，成为全球市占率最高的群体。

总之，在品牌聚集度迅速提升的重大时间窗口，要么成功，成为细分市场的头部品牌，要么失败，在量价齐杀中退出市场，没有中间路线可走。

趋势五：“效果可见”，真的有“效果”吗？

为什么营销预算的增幅越来越高，BAT和头条、抖音、快手这样的企业越来越赚钱，而越来越多的品牌主却感到，这些流量广告偶尔有伟哥的效果，不仅药不能停、成本越来越高，而且价格越来越难守住赢利线、生意越来越难做呢？

一个国际品牌为我们找到了答案，这个品牌就是阿迪达斯。

阿迪达斯的全球媒介总监西蒙·皮尔（Simon Peel）表示过去这些年，阿迪过度投资了数字和效果（digital & performance）渠道：77%的预算在效果，23%在品牌，牺牲了品牌建设。

“过度投资”这个词听上去好像不太严重，但是要知道，阿迪达斯每年在营销上的预算投放将近20亿欧元，就算只是错配20%，也相当于花了 30 亿元人民币买教训。

阿迪达斯自己找出的答案是，钱花了，但没有花在能真正建设品牌力并能长期累积价值的地方。

在“新的就是好的”“互联网思维”“碎片是王道”等刻板印象的影响下，人们开始追求短期效果带来的快感，忘了越追求短期效果，就越容易放弃长期品牌建设。

就好比中医和西医，越来越多的人抛弃中医“治本”“治未病”的系统论优势，追求“快速起效”“头痛医头”，并借此否认中医对整个人体免疫体系更高层次的思考与深湛智慧。这样的例子不仅发生在医疗圈、广告界，还发生在我们生活的方方面面。

追求确定性是这个碎片化迷思泛滥的社会的副产品，就好比市场不景气，大家追求短期投资回报率，减少长期品牌投入。最终的结果是价格战、促销战虽打出了销量，却打垮了自己的毛利率。同样的道理，流量广告投入越来越大，最终是为流量平台打工，遗落了品牌的长期建设。

趋势六：新品牌急需引爆器

品牌、造新品牌，似乎成了时代刚需，因为品牌决定了溢价能力。

前面说过，由于碎片化泛滥、传统媒体失能，真正能因为自己的产品体系特性而实现在全国的数亿主流群体中引爆品牌的，只有分众等几个为数不多的平台。

笔者还是要重复之前的观点，碎片化社交容易制造短期销量，但不容易产生品牌。早期的某社交平台，几万粉丝就可以实现上百万的带货量，现在几百万粉丝的主播可能只能实现几万的带货量，这里面除了网红经济的泡沫属性以外，也证明了“热得快必然凉得快”的物理学定律。流量经济在快速制造网红，却又快速吞没他们，只有极少数走上中心化的舞台的网红才能晋级。

简单总结就是，网红经济的典型特性就是短期效应和遗忘速度快，不适合用来进行品牌建设。

趋势七：引爆才是品牌崛起之路

前面说了，网红经济不是品牌的最佳引爆器，但这并不妨碍我们这个时代，有的品牌能够快速崛起；对网红经济的分析，也绝不代表笔者认为品牌建设就必须慢。

相反，高质量的品牌建设越快越好，比如妙可蓝多、铂爵旅拍和火爆全网的“包一天”易车网，这些品牌的共同特点是不仅仅依靠分众广告迅速引爆品牌，还准备好了为客户提供具有差异化价值的核心产品和服务。

没有任何一个品牌可以靠吃一种药崛起，它一定是对品牌的精准心智设计，核心引爆和用户黏性与信赖感建立，再加上踏踏实实做产品的结果。

分众不是神器，微信也不是神器，只有把它们的特点组合起来的头脑，才是这世界上最了不起的“神器”。

趋势八：雷霆手段 + 水磨工夫

对于绝大多数品牌来说，“雷霆手段 + 水磨工夫”才是正道。

做品牌广告的决策不难，但坚持很难，品牌广告投放有质变的拐点，在拐点到达之前，有知名度提升但销售效果不明显，而拐点到达后就有明显销售溢出效果。

所以，还是那句话，品牌的建设非一日之功。

如果你想挣快钱，无论是纯电商还是微商、云商等社交分销都可以试，今天卖燕窝明天卖袜子，反正起起落落都是过眼云烟，挣到钱就行。但是必须提醒一句：你看得到，别人也看得到。所以，大家都去碎片化，都去买流量，最终导致流量越来越贵，流量红利消失，靠流量增长推动业绩增长的模式将终结。

所以，好的事业是你看得到，别人也看得到，但坚持你才能做得到，比如品牌建设。

有人认为，品牌建设是一个靠“点子”的行业，靠“一句话广告语”的行业。其实，对这行有深入研究的华与华以前说过一句话：“我们不喜欢搞那种很‘绝妙’的广告，因为它们太妙了，难以重复。而品牌宣传的本质，不在于那一瞬间的光彩，而在于重复，因为受众的本质在于遗忘。所以，好的品牌建设离不开简单直接的重复和超级符号、超级话语的潜意识植入，其他的都是末技。”

我们不妨看一个公式：GMV（成交金额）= 流量 × 转化率 × 单价 × 复购率

这里面的三个乘数和品牌都是相通的：转化率取决于品牌知名度和认知度，单价取决于品牌溢价，复购率取决于产品体验、品牌黏性和叩击用户心智的频度。

也就是说，提升 GMV 的绝大多数变量和品牌力有关，而流量和品牌的关联度较低。

吴晓波在 2019 跨年演讲中说，明天经济会不错，消费会崛起，但品牌崛起才能得到消费红利。这个公式更是告诉我们，大道至简，做好品牌，持之以恒是一切的前提。

延伸阅读二：

益普索 2019 年引爆记忆广告语盘点[1]

益普索（Ipsos）发布的《2019 年中国国内流行广告语受众调研报告》中的数据显示：朗朗上口、能引发共鸣、具生活参与性、洗脑的广告语更容易占据消费者心智。从消费者对各类型流行广告语的记忆渠道分析，有吸引力的广告文案且能与受众高频接触的广告流行语，通过主流媒体电梯、互联网及电视等进行传播，更容易被人们记住。

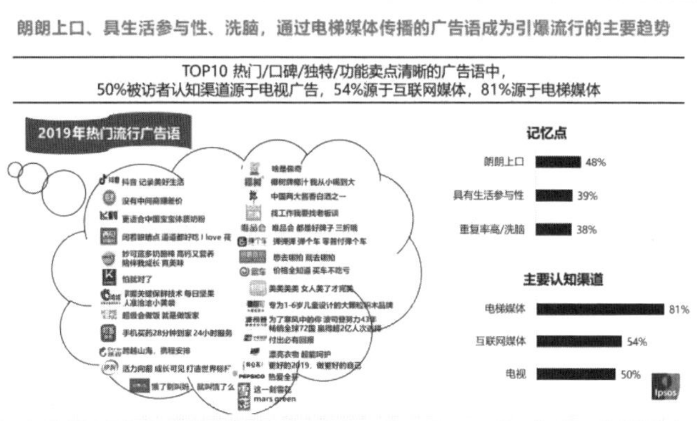

图 5–3　2019 年热门流行广告语

本次调研主要针对北上广深四大城市中月收入 4000 元以上，以及新疆、西藏以外的地区月收入超过 3000 元的 18~60 岁人群，样本

1　益普索，1975 年在法国巴黎创立，为全球第三大市场研究集团，在 90 个国家和地区设立了下属公司，在全球拥有超过 5000 位客户，业务涉及 100 多个国家。益普索在中国北京、上海、广州等 6 个城市设立有直属公司，有 1200 余位专业人员，为中国前三大个案研究公司之一。

合计 2000 人。其中，大学本科及以上学历者占比 70%。

在《2019 年中国国内流行广告语受众调研报告》中，益普索从不同类型的流行广告语——热门广告语、口碑广告语、突出品牌独特性的广告语，以及功能卖点清晰的广告语入手，分别研究了各种类型流行广告语的创意特点和传播渠道。以下信息均来自本次消费者调研数据。

2019 年热门流行广告语 Top10

碎片化时代品牌建设越来越难，但这不阻碍拥有广泛影响力的国民性品牌的诞生。2019 年，抖音的“记录美好生活”、瓜子二手车的“没有中间商赚差价”、飞鹤的“更适合中国宝宝体质”这三大品牌广告语高度契合消费者的核心需求和痛点，获得回忆度最高的“2019 年热门广告语 Top10（排名前十）”前三名。被访者回忆，Top 10 广告语在电梯广告中看到的最多，其次是电视。

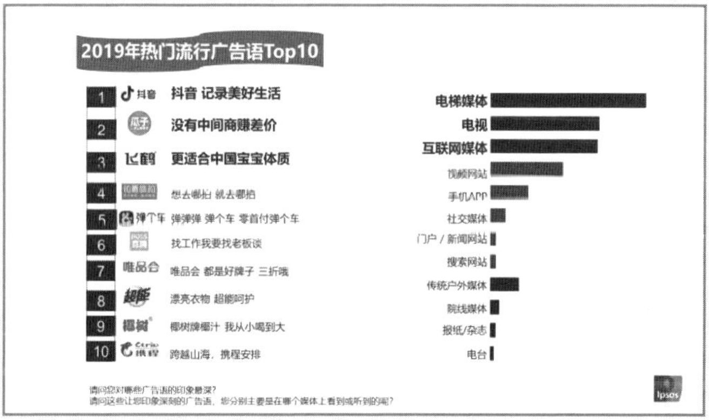

图 5–4　2019 年热门流行广告语 Top10

2019 年口碑广告语 Top10

在消费升级的大背景下，创意产品、健康食品、生活服务等类别的产品获得了潜在的市场机会。益普索的报告显示："2019 年口碑广告语 Top10" 的前三名分别为西贝莜面村的 "闭着眼睛点，道道都好吃"、易车的 "价格全知道，买车不吃亏" 和妙可蓝多的 "妙可蓝多奶酪棒，高钙又营养，陪伴我成长，真美味"；前十大口碑广告语的传播主要以电梯媒体为主，其次是互联网媒体。

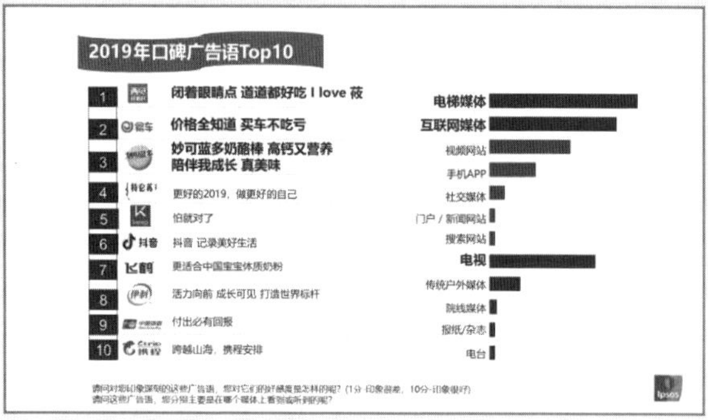

图 5–5　2019 年口碑广告语 Top10

2019 年突出品牌独特性广告语 Top10

对广告语而言，最重要的作用就是对品牌精准定位。Keep 的 "怕就对了"、洽洽的 "掌握关键保鲜技术，每日坚果认准洽洽小黄袋"、好慷的 "超级会做饭，就是做饭家" 跻身 "2019 年突出品牌独特性广告语 Top10" 前三名。

亚伯拉罕 · 林肯曾说：公众的情感与观点，拥有了它战无不胜，失去了它必败无疑。除了情感上的连接，直接点出产品功能卖点，也是与消费者有效沟通的方式之一。

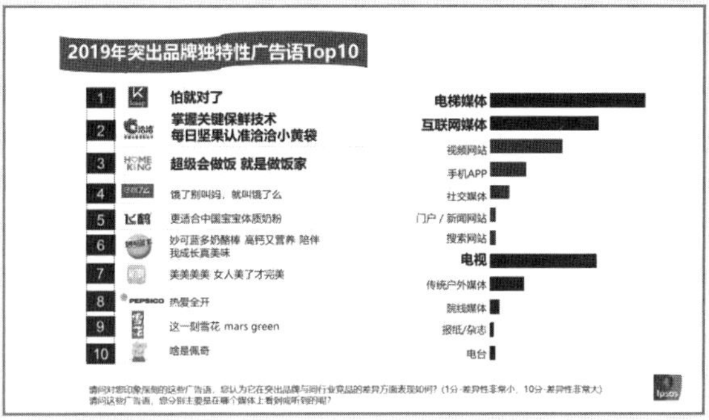

图 5–6　2019 年突出品牌独特性广告语 Top10

引爆传播的核心要素之一：具有分享价值的广告文案

随着人们生活之间参与度和关联度的密切，一些良好的“梗”能形成有效的传播链，不断地被使用和传播开来。“我太难了”就源自对人们现状的挖掘，从而建立起较强的关联度，能在瞬间引发很多人的自主传播。近些年来，品牌的广告创意流传并成为经典的特征与以往相比，更具内在活力，主要表现在以下三个方面。

1. 包装内核两并重。品牌需要以消费者体验为核心，避免过度包装和营销。人们对于生活品质的追求、幸福感和健康的追求从未变过。品牌应该从功能和情感方面同时发力，给消费者物质追求和精神愉悦的双重满足。

2. 独特的表达。当今不同的圈层有不同的观点，消费分级趋势明显。调研显示，观点鲜明独特的广告语，备受消费者好评。品牌建设要紧跟目标人群特点，熟悉圈层特有的气质，采取精准营销模式，运用他们的语言进行沟通，拉近与目标受众的距离。

3. 有趣有价值。品牌可以通过某个兴趣点引发传播，并在主流媒体上持续曝光，重复刺激和强化人们的潜意识。刺激过后，还是要回归品牌的内涵和价值，强调品牌的个性和文化，注重发掘“梗”的话题性和生活性，这样才能使其成为持续被人津津乐道的热点。

引爆传播的核心要素之二：在碎片化的渠道中找到注意力引爆点

根据被访者对 2019 年不同类型流行广告语的回忆，前十大广告语的主要记忆渠道来源于电梯媒体（81%）、家中电视（50%）和互联网（54%）。

益普索的调查显示：电梯媒体作为线下媒体，处在城市主流人群每天必经的公寓楼、写字楼等生活空间。在低干扰的电梯场景中，广告对用户构成了高频且强制的触达，从而使每天至少 4~6 次等候与乘坐电梯的用户，对电梯媒体反复播放的广告语记忆更为深刻。

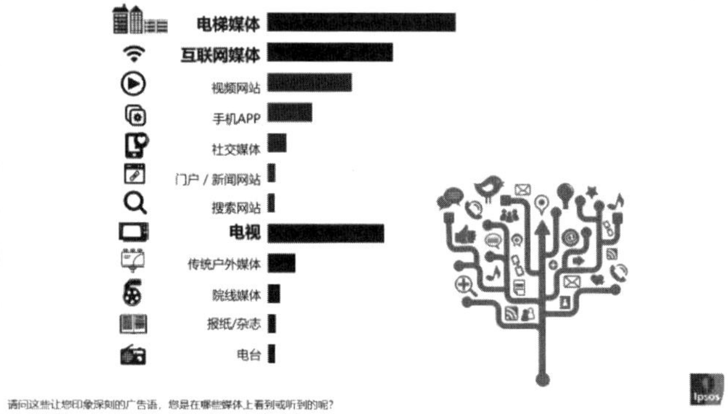

图 5–7　2019 年流行广告语认知渠道

瓜子二手车的“没有中间商赚差价”、飞鹤的“更适合中国宝宝体质”、西贝莜面村的“闭着眼睛点，道道都好吃”等大家耳熟能详的广告语，都在电梯媒体上进行了投放。进一步剖析电梯媒体的特点可以发现，在品牌广告语的引爆中它能成为消费者集体的品牌记忆，主要有两个核心要素：

第一是它所占据的位置，以分众为例，它占据中国电梯广告市场70%左右的份额，其电梯媒体可以辐射3亿在城市生活的主流消费人群。这些消费群也成为各品牌广告的争夺目标。近些年来，不少的品牌将在该媒体的投放数量和投放方式作为其关键的观察和考量。

第二是强制性传播方式使得它在某一个特定时空，成为输入信息的窗口，具有较高的注意力集中度。这两大优势使其成为这个时代为数不多保持成长的传播渠道中具有引爆品牌能力和制造流行广告语的主流阵地。

由于新冠疫情，人们的生活轨迹发生了巨大的变化，几乎两点一线的生活方式使媒体接触习惯发生变化。生活圈媒体的接触更为凸显，线上线下媒体的融合更集中。同时，随着广告营销数据化程度的不断加深，智能化、数字化变革也推动营销环境进一步升级。

对于品牌来说，在疫情期间综合考虑品牌和公共利益信息的营销策略会更加引发关注。短期内，消费者更多的关注点仍然在与疫情相关联的事件上。品牌态度积极，输出正能量、温暖人心的内容是赢得消费者好感和记忆的可着力点。

第六章

市场中不同位置的不同打法

市场中的“老大”需强化消费者认知优势

每一个品牌都想在消费者心目中拥有一个词、一句话。

那么，怎么在消费者心目中赢得这种认知优势呢？

其实，市场上的企业分为4种，我们可以先简单地称它们为“老大”“老二”“老三”“老四”——往往每个品类都有一个“老大”、两个“老二”、三个“老三”，以及无数个“老四”——它们处在不同的市场位置，打法通常也是不一样的。

市场中“老大”的打法

品牌如果是市场中的“老大”，也就是说在这个行业中，要么没有“老大”，要么自己就是“老大”，那么最好的广告打法，就是直接告诉大家：“我是老大。”

“老大”企业可以通过广告不断地提醒消费者、唤醒消费者，因为大多数消费者都有从众的心理，他们习惯在市场上寻找和购买“老大”品牌。

比如波司登就直接告诉消费者，它是“全球热销的羽绒服专家，专注羽绒服 42 年，畅销全球 72 国，连续 23 年销量遥遥领先”。

有一些强领导品牌，消费者都知道它是行业“老大”，如何再强化消费者的认知呢？也可以尝试用压制竞争对手的方法，比如说“我的销量等于同行中排名第二位至第五位的总和”，一下子就突出了自己是行业中绝对的领导品牌。

还有一种情况，消费者在认知中并不知道谁是“老大”。比如绿茶，消费者知道谁是“老大”吗？可能很多人会说绿茶的“老大”是龙井，但“龙井”是绿茶的一个品类，谁是品牌“老大”呢？龙井里面有什么知名品牌呢？我相信绝大多数消费者都不知道。这时候，如果有一个品牌站出来告诉消费者，绿茶的“老大”品牌是竹叶青，那么消费者也会立刻接受。

竹叶青是四川的一种高山绿茶，也是一个品类，但是这家公司却把品类注册成品牌，把品牌等于品类。

以前，竹叶青的广告语是“竹叶青，平常心，历练方得平常心”。这样的广告听起来有高度、有涵养、有品位，但是没有给出一个“消费者选择你而不选择竞争对手”的理由。消费者喝竹叶青会是因为能让自己有一颗平常心吗？不会的。

竹叶青重新调整了品牌定位，将它的广告语改成了：“在中国，更多人喝高端绿茶都选竹叶青，精选峨眉 600 米到 1500 米高山，只选明前茶芽制成，连续 10 年高端销量遥遥领先。”在中国，竹叶青一年十几亿元的销售额，就是绿茶市场的“老大”品牌了。

这样一来，消费者选择竹叶青的理由就变得比较充分了：第一，说明竹叶青是绿茶，更多人喝的高端绿茶就是竹叶青，竹叶青是高端绿茶领导品牌；第二，告诉大家它来自峨眉高山，选用明前茶芽；第三，也是广告语最大的支持点，数据显示连续 10 年高端销量遥遥领先。

这个广告出来之后，竹叶青的销量每年涨 50%。消费者知道哪一个品牌是绿茶市场的"老大"了，能成为"老大"一定是有道理的。这就满足了消费者心理对于安全感的需求。

数据最有说服力：近几年，消费者对高端茶的需求稳步上升，2018 年，京东平台单价 5000 元以上的高端茶叶销量比前年同期增长 147%。2019 年，竹叶青在分众传媒进行了广告投放，投放期间销量增长 35%，其中高端产品"论道"系列增长达 64%。通过大规模的曝光，竹叶青普及了绿茶的健康价值，提升了新中产对茶叶的认知。

还有一些行业，市场空间本身不够大，企业就不要去封杀品类，而应该去开拓品类。比如在凉茶品类，王老吉不能说"凉茶就喝王老吉"，而是告诉消费者"怕上火喝王老吉"；红牛也不能说"功能饮料就喝红牛"，而是告诉消费者"困了累了喝红牛"。

当年整个阿胶市场只有 2 亿元的规模，东阿阿胶如果当年就说"阿胶就选东阿"，根本无法拓展规模。这些品类的"老大"要做的是开创市场，所以东阿阿胶的品牌定位叫"滋补三大宝，人参、鹿茸与阿胶"。东阿阿胶不去封杀阿胶这个品类，而是通过关联定位，将阿胶打造成跟人参、鹿茸同等地位的存在。慢慢地，阿胶就成为跟人参、鹿茸有相似规模的一个高端滋补品。

作为行业“老大”，企业还有一种好的品牌打造方法是“自己攻打自己”。比如，吉列在剃须刀领域是绝对的“老大”，吉列的品牌打造方法是什么呢？吉利不断推出新产品自己迭代自己，先推出三刀头，又推出四刀头、舒适系列……这都是吉列在不断进攻自己。因为如果它不进攻自己，就会有别的品牌来进攻它。

一个好的领导品牌就是不断自我进攻，自我替代。在这个竞争激烈的市场上，一个领导品牌最怕的是发展到后期开始老化。这个时候如果能不断发展出新品打自己，还打得不亦乐乎，那么消费者需求也在一代一代不断地升级，升级来升级去，他们用的剃须刀都是吉列。

已有“老大”，如何建立消费者心智认知？

市场中的“老二”有怎样的打法？“老二”通常要选择跟老大相反的方向走，把对方的优点变缺点。

市场中“老二”的三种打法

当年奔驰发明了汽车，大家认为奔驰就是不用马拉的车，所以叫汽车。奔驰就等于汽车，等于豪华汽车。但是接着宝马也做汽车，它要怎么打开消费者的认知呢？如果宝马说它有更好的发动机，消费者会信吗？肯定很难相信。宝马采用的方法是什么？既然大家对奔驰的认知都是“坐”奔驰，那它就叫“开”宝马，告诉消费者能体会到驾驶乐趣，体验驾驶的推背感，等等。

建立自己的品牌，与其更好，不如不同，把对方的优点变缺点。

可口可乐的优点是“我爷爷的可乐，我爸爸的可乐，我的可口可乐，百年传承正宗可乐”。针对这样的定位，百事可乐就宣示自己是年青一代的选择，你爷爷、你爸爸都喝可口可乐，正是你不喝它的理由。

这是一个非常好的方法，竞争对手的优点往往也可以成为它的缺点。把对方的优点直接变成缺点，对方还不能覆盖你。

美国汽车市场原来都是大车，最后对美国汽车造成重创的是德国的小车，德国车以甲壳虫杀入美国汽车市场，广告语就叫“think small”，意思是想想还是小的好。这个广告语就是要告诉美国人，美国都是大车，经常会很不方便，小车多好，停车方便，做什么都方便。

第二种方法叫关联“老大”。排老二的公司打不过行业“老大”，而且跟“老大”相比还差很远怎么办？可以跟“老大”捆绑在一起，让消费者知道你就是行业中的“老二”。有个词语叫“数一数二”，在中国市场当中，在每个细分类别中，消费者能够记住的往往只是数一数二的品牌，数三往往记不起来了。

比如，全世界都知道赫兹是租车公司的“老大”，同样是租车公司的爱维斯要怎么办？爱维斯说：“我是‘老二’，为什么还有这么多人选择我，因为我更加努力。”这个定位在暗示因为赫兹已经是“老大”，所以它可以躺着赚钱，不像爱维斯会更努力地满足消费者的需求，提供更好的服务。

关联老大，让消费者知道数一数二，市场上有两个选择。

第三种方法就是反向定义，即主力竞争对手在哪儿，就反方向定义。

比如，布鲁可玩具的竞争对手是乐高，乐高主要聚焦小颗粒玩具，一般得 7 岁以上的小朋友才能玩，还有乐高比赛。但是，1~6

岁的小朋友可能就玩不了了，小朋友拿着小积木拼不起来，就会很生气。布鲁可的定位方法强调自己做的是“大颗粒积木”，大颗粒积木都是圆的，不会划伤手，同时小朋友很容易拼。

布鲁可反向定义，更适合1~6岁小朋友的玩具叫布鲁可积木。布鲁可强调的就是自己适用的年龄层和乐高不同，乐高是玩具中的领导品牌，但是更适合7岁以上小朋友，最适合1~6岁小朋友的是布鲁可大积木玩具。

因此，如果你在市场上有主流竞争对手，要反复研究如何相反走，如何在市场上切一刀，切到属于自己的份额。

那中国品牌面对国际品牌要怎么切呢？

/ 案例拆解 /

老板油烟机

老板油烟机做了10年，当时最大的竞争对手是西门子。老板的技术、品质都足以跟西门子抗衡，但是，如果老板直接告诉消费者它的技术、品质都达到了国际水平，和西门子一样优质甚至更好，而且价格还比西门子便宜，这种思路是不可能打赢西门子的。因为消费者很难相信。

老板油烟机做了差异化定位，和西门子反向走。西门子品质好、技术好、水平很高，但西门子油烟机是为德国人研发的，适合做西餐时使用，而中国人炒菜油烟大，老板专做大吸力油烟机，更适合中国家庭厨房，做中餐要买老板大吸力油烟机。

两年之后，被切走了一大块蛋糕的西门子也开始推大吸力油烟机，但消费者心智中已经把大吸力油烟机和老板画上了等号，这时候，老板油烟机再告诉消费者“在中国，每10台大吸力油烟机，有6台都是老板”。

/ 案例拆解 /

朗迪钙

朗迪钙的定位也很简单，强调“更适合中国人体质的钙”。钙片里一般都含有钙和维生素D。钙和维生素D的配比，国际上一般标准是600∶125，而朗迪提供的比例是500∶200，一个独特的钙和维生素D配比。为什么朗迪要做不一样的配比呢？原因很简单，消费者立刻可以接受：外国人大多喜欢户外运动，受到的阳光照射多，所以维生素D转化率更高；中国人晒太阳少，也不喜欢露天跑步，就算是在户外，防晒工作也做得很好，这样会导致维生素D的转化率不高。所以，朗迪的钙和维生素D的配比更适合中国人。

这是不是给消费者一个非常好的购买理由？我相信，朗迪钙在强调不一样的钙与维生素D配比的过程中，一定会赢得更多消费者。就像“更适合中国宝宝体质”一样，它给了消费者一个足够好的理由。品牌一旦有了这些理由，就形成了溢价能力。

所以，面对竞争对手，找到优势位置，也就是将品牌定位中的优势与消费者心智连接，形成能够立刻拨动人心的力量，形成对竞争对手有效的攻击，进而成为消费者的购买理由。

行业中的细分属性市场如何打品牌？

找到消费者心智中的开关，就是要找到一个特性，聚焦一点，着力突破。

提到比萨，很多人想到的都是必胜客（Pizza Hut）。那达美乐怎么办？达美乐只突出了一点，“30 分钟送到家的比萨”，告诉消费者“我就是一个外送的比萨”。达美乐虽然也有餐厅，但是它只强调 30 分钟将比萨送到家，并慢慢地把这个特色发展到极限。

把特色发展到极限

在细分属性中找到自己的特色，并全力把这个特色发展到极限，也能成功占领消费者的心智，赢得市场。

在人才招聘市场，51job 已经做得很大了，其他招聘公司怎么办？它们可以找自己的特性，聚焦做透，比如“高端招聘找智联”“互联网人找工作上拉勾网”“斗米一下，马上入职”等。

这个市场已经有很多品牌都站稳了脚跟，还有58同城、猎聘等，那市场饱和了吗？只要你的产品优势既能提供新的差异化价值，又能满足消费者的痛点，市场依旧是向你敞开的。

BOSS直聘就给了消费者一个很独特的理由：找工作可以跟老板直接聊。一般用户想找工作都是跟人力聊，觉得很多职能要求隔了一两层了解不清楚，BOSS直聘让你直接跟老板聊，节省了很多隐性成本。BOSS直聘在招聘领域给用户提供了一个独特的价值，并把这个特性说到底。

再比如前文提到的，洽洽做每日坚果时，为了突出重围，告诉消费者洽洽每日坚果掌握核心关键保鲜技术，保鲜最到位。

这些公司都是在行业中找到了差异化，强化了自己的独特性，赢得了市场。还有一些大品牌，可能已经在消费者心智中占据了某个词，这时候不仅要强化独特性，而且表述要有足够细节。

当行业发展到一定程度、竞争对手也很强大的时候，企业会发现自己的某个特性竞争对手同样具备，而竞争对手的特性自己却很难攻破。

/ 案例拆解 /

沃尔沃

提起安全的汽车，大家就想起沃尔沃。即使强品牌，也会在不断变化的市场中面临各种新挑战。沃尔沃的同事曾提过一个问题：消费者觉得沃尔沃代表安全，但是竞争对手宝马、奔驰、奥迪，也不能说人家就不安全，这个时候沃尔沃的安全特性就好像体现得不够突出。消费者为什么一定要选择沃尔沃呢？这种差异化怎么做？

第一，说出沃尔沃的安全特性跟BBA（奔驰、宝马、奥迪）的安全特性有什么差别；

第二，把消费者购买豪车的第一要素变成安全。

具体怎么做呢？我们访谈了沃尔沃的几位销售冠军，问问他们是怎么和客户沟通的。从销售冠军口中总结来的广告语，基本上很正确。之后，就有了一条广告语："当别人用65公里时速去做撞击实验的时候，沃尔沃坚持用80公里时速去做撞击；当别人在25摄氏度室温下做车内空气品质检测的时候，沃尔沃坚持用65摄氏度高温做车内空气品质检测；当别人开始学习沃尔沃的主动刹车技术的时候，沃尔沃已经开创了智能避让技术。在别人看来，安全是一种标准，在沃尔沃看来，安全是一种信仰。"

销售冠军的话术是经过一定市场验证的，跟他们聊能得到关键信息，将其组合起来，就能够拼成一条好的广告语，它首先就说出了沃尔沃的安全跟其他品牌的安全标准有什么区别。

那么，怎么让高端消费者选择豪车的时候视安全为第一要素呢？我们又访谈了沃尔沃的很多忠诚客户，又写了一句广告语："别人在意的是外表的豪华，而我更在意的是家人的安全，所以我选择沃尔沃XC90，22项智能安全配置，开创全球60万销量零死亡纪录，没有什么豪华比得上家人的安全。沃尔沃XC90，护我所爱。"

这样的表述方法，戳中了用户的心理痛点，也解决了沃尔沃突出差异化的难题，即在消费者认为奔驰、宝马、奥迪也很安全时，怎么突出沃尔沃的安全标签。

我们每天都会碰到非常多的案例，没有什么不能解决的，所有的开关都在用户的心智当中。一家企业想要找解决办法，不妨访谈一下销售冠军，访谈一下忠实用户。

市场上已经存在“数一数二”，应该怎么进入？

“老三”要聚焦垂直地带建立自己的根据地——当行业已经涌现出“数一数二”的佼佼者，“老三”的竞争策略是做垂直聚焦，从垂直细分领域入手，准确把握用户需求，将有限的资源集中到其所擅长的核心领域之上。

当市场上已经存在“数一数二”，“老大”“老二”已经占据了市场的大部分份额，作为“老三”的品牌要怎么打入、抢占呢？

垂直聚焦，做深做透

一家公司如果是市场的“老三”，就要垂直聚焦。比如电商行业，“上天猫就够了”，“老大”封杀品类；“老二”占据特性，“多快好省上京东”。这时候，唯品会也进来做电商，应该怎么办？垂直聚焦——一个专门做特卖的网站，唯品会。在特卖这个领域，唯品会更专业、更专注。

当市场上已经有“数一数二”的招聘公司时，拉勾网提醒目标用户：我更懂互联网，互联网人找工作就上拉勾网。其他招聘公司对所有人招聘，而拉勾网只做互联网这个领域的招聘，并做深做透。这就是垂直聚焦。

比如，一般洗发水产品都有男士、女士之分，不过多数品牌还是以女士为主，但是马丁这个品牌只做男士洗发水，还有古龙香。它一再强调这一特色，以后消费者想买男士洗发水就想到马丁。再比如：丸美主打眼霜，在眼霜里面做得更专业；石榴云医专注做慢性病复诊；等等。这些公司的定位都做得非常好，打不过行业“老大”“老二”，那就做垂直聚焦，守住自己守得住的山头，打游击战，在自己的优势领域做深做透。

/ 案例拆解 /

索菲亚

在全屋定制的市场中，欧派是“老大”，索菲亚想进军这个市场应该怎么办？也说自己全屋定制就很难成功，于是索菲亚往回退一步，聚焦其中的一个领域——柜类定制，树立自己是柜类定制中“老大”的形象。

2020 年初，索菲亚品牌升级后定位为“柜类定制专家”，广告语为：专业定制柜，就是索菲亚。这是索菲亚时隔半年之后，从 2019 年 7 月建博会期间发布的“大家居新生态”战略中回归到衣柜品类的专家形象。

在人人谈整装、大家居的时代，全屋定制市场中已经存在“老大”欧派，还有尚品宅配，索菲亚选择退回了自己最擅长的领域，聚焦打透柜类定制，找到了自己的战略空间和安全区。

在同质化越演越烈的环境中，索菲亚找到品牌的核心价值——39年专注柜类定制的专家，然后加大品牌广告投放，重点针对全国核心城市主流人群必进的写字楼，用“专业定制柜，就是索菲亚”的广告语对用户进行反复冲击，打入消费者心智，从而赢得了市场的主动权。

另辟蹊径开创新品类

如果一家公司是市场的“老四”，就意味着市场中已经存在非常多和它处在同样水平且规模差不多的企业。该怎么办？

“老四”可以开创新品类。

比如“高档装修不用大理石就用简一，简一大理石瓷砖”，大理石瓷砖就是一个新品类，是多元素的重组。

再比如瓜子二手车直卖网，开创了直卖网这个品类。广告语“瓜子二手车直卖网，没有中间商赚差价”向消费者解释该品类是直卖网C2C，没有中间商赚差价，创造了一种新的交易方式。

还有一种方法叫“新一代”，即成为品类当中的新一代，比如现在市场上突然出现了很多自热火锅，比如莫小仙、自嗨锅。它们就是火锅，但开创了一个新品类，消费者只要放一个石灰包，它们就会自动加热，所以这种火锅新品类叫自热火锅。

作为市场的“老四”，不断通过市场元素的重组、新交易方式的出现、新方式的崛起，也能够开创很多的新品类。

延伸阅读：

疫情让营销回到基本面，2020 年这七条法则你要记住[1]

2020 年的疫情让很多企业面临着前所未有的挑战，随着企业的复工复产，很多企业的营销节奏重新加快。如何看待疫情给品牌带来的影响，以及经历了疫情的 2020 年营销该如何做？这可能是当前大家都关注的热点话题。

事实上，任何企业都会经历经济下行、黑天鹅事件、行业升级或者消费变革的影响，关键在于你选择相信什么、坚持什么、放弃什么、聚焦什么。品牌之路历来就非坦途，而疫情也是品牌最好的放大镜和检测器。有的企业在疫情期间进行反思，及时调整节奏从而重新找到有效的品牌建设路径；有的企业不仅没有因为疫情而放缓节奏，反而趁机逆流而上，开创出了新市场和新局面；也有的企业由于过去没有重视那些看起来是常识的营销基本原则，在疫情来了之后陷入困境……危机之下，高下立见。经历了跌宕起伏，让营销回到基本面，或许才是 2020 年疫情后品牌建设的核心命题。

1　作者：肖明超，知名趋势营销专家，知萌咨询机构创始人兼 CEO，中国精众营销理论开创者，北京航空航天大学、北京师范大学等高校兼职教授，腾讯、字节跳动、阿里、百度、网易等互联网公司的营销顾问和智库专家，带领知萌应用趋势为企业提供整合策略和创新传播服务。

基本法则一：品牌不是企业认为自己是什么，而是消费者认为你是什么

今天，同质化竞争和供过于求成为很多行业面对的普遍现实。要想突出重围，品牌必须在消费者心智中占有一席之地，必须让品牌像钉子一样钉在消费者头脑中。

那究竟什么才叫品牌?

过去很多企业通常可以说出很多维度，比如，品牌是一种产品的表征，是所有印象的总和，是一种承诺……这些定义都对，但它们都是站在把品牌当作“企业资产”的角度来阐释的。我们现在已经进入了“消费者主权时代”，品牌本质上是消费者在头脑中对于某个产品、某种服务或者某家公司的认知。企业认为自己是什么不重要，消费者认为你是什么才是关键。品牌如果不能建构消费者认知，只是企业自说自话，很难进入消费者世界。从“自嗨”到“共振”，这是营销回归基本面第一个需要去反思的法则。

就像我们前面提到的沃尔沃的案例，在所有沃尔沃的品牌传播主线中，安全一直是贯穿的，这样的品牌会让你感觉如同一道心流，让你信赖并激发你对它的渴望。建设品牌如同播种，昨天播下种子，今天不断地浇灌和呵护，明天才能收获品牌。这些通过持续的品牌传播积累的消费者心智认知，胜过一切品牌语言。

基本法则二：行业竞争将进一步加剧，品牌格局会继续演变

中国市场经过了 40 多年的改革开放以及制造业的先天优势，每个行业都拥有大量的品牌。近几年在消费升级的驱动下，中国市场又开始进入新消费品牌与行业领军老品牌并存博弈的局面。“二元化”

的品牌格局让品牌的竞争更加惨烈。

很多过去已经取得领先的大品牌，需要持续加大稳固消费者的认知投入，还需要应对消费群体年轻化的需求，以防御新品牌的进入；正在迅速崛起的新消费品牌，则要顺势而为，抓住新赛道的产业风口，快速提升品牌势能，以撕开消费切口。这两股品牌力量的并驾齐驱和竞争博弈，将会在未来一段时间里长期存在。可以预见的是，经过这样的竞争洗礼，未来每个品类中品牌集中度都将进一步上升，谁能坚持对品牌建设持续投入，谁的品牌传播耐力强，谁就能在未来的品牌格局中赢得领先。

例如，羽绒服行业的领军品牌波司登，已有 40 多年的历史，但是在 2015—2017 年却遇到了一次瓶颈。为了更好地顺应市场潮流，波司登选择了重新定位，进行广告升级，重新在主流人群中做持续的品牌引爆。让波司登重新焕发青春，重塑品牌独有的价值，从而有效防御了其他品牌的竞争，在品类中稳坐第一把交椅。

基本法则三：独特的差异化是品牌打开消费者心智的钥匙

每个企业都在谈差异化，但哪些属性是真正有别于对手并戳中消费者痛点的差异？每一个行业都在相互借鉴模仿，甚至在一些细节上比拼参数、功能、所用材料的优劣。尽管这些因素都很重要，然而到了消费者那里，他们是否都能像企业一样对自己产品的差异如数家珍？

消费者能够记住的品牌永远是有限的，需要品牌找到打开消费者心智的按钮。正如分众传媒创始人兼董事长江南春所说，很多品牌在诉求差异化的时候都容易陷入自我感觉良好的误区，实际上好的品牌广告语可以用简单的三句话来检视：顾客认不认，销售用不用，竞争对手恨不恨。例如，2015 年，飞鹤奶粉在中国奶粉的排名是第 7 位，当时飞鹤打出的品牌优势是高品质奶粉，因为它在 2 个小时之内就可以将优质的高蛋白牛乳直接喷成粉，但是，这一独特优势并未进入消费者的心智，中国消费者在经历了“三聚氰胺”事件后更加倾向选择国际品牌，为了打破僵局，飞鹤奶粉采用“更适合中国宝宝体质”的新定位，通过影响城市主流人群的传播，成为中国奶粉行业第一个规模过百亿元的品牌。

基本法则四：疫情检验品牌力，从“流量品牌”到“心流品牌”，品牌建设是一场持久战

新冠疫情是对于品牌的一场综合“检验”，检验的不仅是品牌与消费者关系的强度，还有品牌的竞争力。知萌咨询机构 2020 年开展的疫情给消费趋势带来的影响的调研显示，疫情促使消费者更加趋于理性，在消费上更为谨慎，一方面延缓决策部分非必要开支，另一方面在必须进行的开支上，把钱花在了更稳妥、确定性更强、信赖感更强的产品上。也就是说，那些品牌建设更好的产品将更容易获得消费者的青睐。所以，在 2020 年，企业要从过去的流量品牌，即“抢流量”，在线上陷入新的“价格战”“促销战”，转向思考怎么变成心流品牌。心流品牌是消费者心里想到的你，是积极的、希望和你在一起的品牌。

很多新消费品牌的崛起路径也有这样的特点，在迅速依靠流量积累互联网声量后，开始大力度投入品牌价值的持续塑造和建设。品牌建设是一场持久战和长期战，只有品牌力才能对抗互联网技术的迭代和流量的迁徙。

例如，2020 年 3 月 8 日“女神节”，很多近几年崛起的新消费品牌都亮出了成绩单：妙可蓝多奶酪宣布其销售额同比增长 252%，小仙炖鲜炖燕窝的全网销售同比增长了 471%，林清轩山茶护肤全网销售同比增长更是高达 513%。这些企业之所以能在电商平台获得逆势增长，其共同点就是它们不光依靠流量，还高度重视品牌力，为打造品牌长期不懈地投入。

比如：小仙炖鲜炖燕窝，2018 年选择与消费群体高度匹配的分众，在线下持续投放，建立了燕窝第一品牌的品牌力，其销售额在 2019 年翻了三倍，达到 8 亿元，2020 年预计将突破 20 亿元；妙可蓝多在分众持续投放了 6 个月后，销售额剧增，2019 年涨了 300%，2020 年预计将涨 3 倍，光奶酪棒产品就可能突破 20 亿元；林清轩则在分众投放了两亿元刊例价的广告，登上了相关品牌的第一位。

这些品牌都在不断迭代产品和商业模式，确立清晰的战略定位，大规模投入线下营销，然后走上持续的品牌建设之路，最终在品类中赢得领先、建立壁垒。

基本法则五：非常时期是新品类的诞生窗口期，更是打造品牌的机会

一方面，2020 年的疫情让很多新消费品类爆发，例如在线教育、在线医疗、远程办公等新兴行业都获得了增长点，新的业态、模式等也在不断孕育。另一方面，由于大部分企业的营销都陷入紧缩和结构调整，传播环境也没有那么嘈杂，为消费者留出了信息接收的时间和空间。很多企业也因此逆势而行，加大了品牌投入。

例如，疫情期间，很多消费者暂缓了家庭装修计划，家居行业因此受到冲击，而业之峰却以一场“价值两亿元”的直播点亮了整个行业。在业之峰看来，品牌是最持久的流量池，它投入1亿元，在分众的生活场景媒体以及新媒体等渠道全面发力，另外1亿元则直接补贴给家居消费者，以激活被搁置的消费需求。

逆流而上的企业还有很多，国内最大的商务及商务休闲男装定制服务平台“衣邦人”在2020年3月初悄然加大了其线下推广力度。2020年3月，多个城市分众梯媒正式上线服装定制平台衣邦人的线下广告，仅用一个月的时间，衣邦人的销售就增长了153%。4月，衣邦人宣布与分众传媒正式建立战略合作关系，重点发力中国1.2亿中产及消费进取型男士市场，以便获得更大的市场突破。之所以选择这样的方式，是因为其客户群为职场进取型白领及商务精英，与分众的受众高度匹配。同时，由于在2020年2—3月看到良好的客户预售态势，衣邦人判断尽管部分消费被暂时压抑，但购买力可能会迅速释放出来，从而实现了异军突起。

茶行业的竹叶青也是如此。尽管它关闭了90%的店铺，但累积的高端客户以及线上依然在运行。疫情期间，竹叶青坚持收茶，并针对疫情期间消费者对健康的关注力度更高的需求，借分众媒体更精准有效地向大众普及绿茶的健康价值，提升消费者对品牌及品类的认知。2020年3月3日春茶上市当天，其销量同比增长74.3%。

这些案例都说明，有独特差异化价值的企业在特殊时期抓住机会，踩准节奏，采取有效策略，反而可以拉开与对手的差距，实现品类中的一骑绝乘。

基本法则六：数字化不是追热点，而是一个全方位的能力体系

2020年疫情发生后，很多传统企业才发现，仅仅依靠跟风和热点营销根本无法让品牌建立可以顺利对接数字化品牌的免疫力。不是拥有“两微一抖”，做了几场直播，开设了一个小程序就叫数字化。数字化战略是一种从品牌价值传递到消费者体验，再到供应链整合和即刻响应与交互的能力，数字化营销只是数字化能力体系建设的一个环节。

例如，疫情期间，在生鲜电商、外卖以及在线医疗等领域，美团、每日优鲜、京东等成为“深宅在家”的用户首选。这些互联网平台为什么能够取得优势？因为早在疫情之前，这些互联网品牌就已经在抢占线下生活场景。在写字楼、住宅的电梯场景，很多人都可以看到它们的广告，所以疫情期间消费者第一时间想到的就是这些品牌。除了前端的消费者认知能力，后端还有“迅速便捷”和“即刻响应”的数字化能力的支撑。

同样，很多通过阿里、京东等电商平台拥有超高业绩的品牌，也在针对分众这样的户外场景媒体加大投入，原因在于分众传媒早就完成数字化改革，不再是一个单纯的线下展示渠道。自阿里巴巴战略投资分众后，分众与阿里的后台得以打通，实现了数据回流，累积了客户的品牌数据资产，获取了投放分众的曝光和兴趣人群的转化数据；分众也实现了网络可推送，实时可监测，数据可回流，效果可评估。

早在2019年，分众就把绝大部分屏幕都实现了物联网化，可以远程在线监控屏幕的播放状态，做到广告播放永不间断，所以即使疫情让不少小区封闭，分众仍可通过云端广告推送让屏幕正常运作。

这意味着受众看分众广告，最终可在电商平台实现变现闭环。投放的品牌主可监测这种传播效果，有效分析自己的电商业绩提升与分众投放的关联，不花冤枉钱。

因此，未来，既有前向的用户捕获力，又有后向的数字化运营体系的“两栖型品牌”才能成为适应数字化时代的领军企业，数字化升级转型是以品牌为支撑的全方位能力的升级。

基本法则七：家庭场景成为营销的重要场景，围绕家庭消费的传播成为重要引擎

新冠疫情让国人从“被动宅”逐渐转变为“主动宅”，快乐地陪伴家人，尽情地在线上娱乐、远程工作成为典型的写照。疫情不仅让更多的人回归家庭，越来越多的人开始重新审视与家人的关系，也让家庭的温馨氛围得到重塑，国人的家庭关系发生了更深层的改变。

对品牌而言，疫情带来的对于消费者而言重要的影响之一是家庭所赖以生存的生活空间的场景化媒体。例如，疫情期间消费者每天出入小区取快递要路过的住宅的电梯媒体，未来将会成为紧密伴随并撬动家庭消费的引擎型媒体；同时，以“悦家”场景为内容创意的营销，也将成为可以与消费者实现情感共鸣的重要元素。每一个品牌都在寻找营销向上的力量，而真正的力量依然是品牌力打造本身，围绕品牌价值去加固、去渗透，与消费者共情。

第七章

品牌是道，流量是术

流量和品牌，哪个才是生意的本质

有些人宣称，流量是一切生意的本质。这是本末倒置的观点。“品牌赢得人心”才是生意的根本，而流量只是品牌赢得人心的结果。

很多企业喜欢搞流量，短视频、直播、网红种草样样都来，每次直播都是全网最低价，但直播结束后，迎来的是更长时间的动销困难。拉流量、搞促销都是短期见效的，解决不了长期的生意发展。

大家通常都喜欢马上见效的事情，做生意如何能马上见效呢？要么搞促销，要么拉流量。于是很多人在经营过程中，销量一不好就做促销，后来就不促不销。因为促销次数多了，对消费者刺激的边际效应就越来越低，消费者越来越无感，而企业利润会越来越低，陷入恶性循环。

拉流量、搞促销都是短期见效的办法，可以偶尔用，但解决不了长期的生意发展。

越追求短期效果，就越容易放弃长期的品牌建设。流量重要吗？当然重要，流量运营能力、数字化变革能力无比重要。但是，比流量更重要的是人心。企业在讲数字驱动、效果营销的时候，如果前面没有品牌建设，后面的效果只是为流量平台打工。

有些人宣称，流量是一切生意的本质，这是大错特错的观点。"品牌赢得人心"才是生意的根本，而流量只是品牌赢得人心的结果，企业要避免本末倒置。

淘宝为什么有流量，因为消费者认为它是"万能的淘宝"；天猫为什么有流量，因为消费者认为品牌旗舰店都在天猫；京东为什么有流量，因为消费者希望上午下的订单，下午就能送到；苏宁为什么有流量，因为消费者买家电就想到苏宁，线上线下都方便，还有十万名售后服务工程师。

要买体现尊贵身份的汽车找奔驰，要买能享受驾驶乐趣的汽车找宝马，要买安全的汽车找沃尔沃，买卖二手车找谁？瓜子二手车，因为没有中间商赚差价——这就是消费者心智端的条件反射。

好的品牌，会让消费者化为标准、化为常识、化为不假思索的选择。

品牌只有深入人心，才是持续免费的流量。

品牌力才能提升流量的转化率。

品牌势能才能带来产品的溢价能力。

网红种草和视频直播

直播带货其实是一次大牌的品牌势能的集中变现，是品牌势能全网最低价的一次聚划算促销。品牌赢得人心之后，流量就是结果。

网红种草和视频直播现在已经成了一个生意的标配。今天，中国的消费者每天有五六个小时都在刷手机。可是他们不会去注意看广告，所以你要做内容、做话题、做植入，创造可以被传播的内容。

突破“术”的瓶颈

小红书种草、抖音种草、淘宝视频直播，已成为现在重要的流量入口。这些已经成为每个品牌正常的标配，就好像几乎所有的品牌都在做电商一样。

但这些都是“术”，不是“道”。“术”只是方法，“道”才是本质。品牌才是一个市场的“道”，而网红种草、视频直播都只是“术”，是方法、途径。

今天，品牌要做内容、做话题、做植入，创造可以被传播的内容，但所有的“术”都是有一定瓶颈的。很多公司一开始是靠网红种草起家的，产品也确实是优质的、有匠心品质的，可是销量到一定程度就很难突破。

这种情况下，企业就需要用品牌力去支撑，品牌力强了，流量就是自然而然的事。

/ 案例拆解 /

小仙炖

小仙炖鲜炖燕窝开创了一个非常好的品类。

最早做“即食燕窝”这个品类的是燕之屋的“碗燕”，但碗燕的保质期是6个月，而小仙炖开创的是15天短保的鲜炖燕窝。在食品行业中，消费者心智中更健康的“短保”产品一定是未来的一个重要方向，小仙炖的创新非常符合中国消费升级的大趋势。

小仙炖的鲜炖燕窝产品推出后，因为品质优秀，口感也非常好，很快就收获了一批粉丝。小仙炖在最开始敏锐地抓住了小红书的流量红利，并通过邀请喜欢它的明星、达人在网上写日记、做分享，销售额从零上升到2亿~3亿元。

但是，流量红利结束后，品牌的销售往往会进入一个瓶颈期。小仙炖已经是这些成功吃到流量红利的公司中非常优秀的了，接下来如何突破瓶颈，跨越成为一个更大的公司呢？小仙炖要实现一个公众品牌、明星品牌级别的跳跃。

2019年，小仙炖在分众电梯媒体上投放品牌广告，先投了北京、上海、杭州3个城市，迅速引爆，销售额一下子从2亿多元跃升到了8亿元左右。以北京为例，在“38女王节”当天，小仙炖在电梯广告海报上推出“红色礼盒”，礼盒内真品燕窝上阵，品牌被迅速引爆，活动当日燕窝销量同比增长465%。仅2019年“双11”，它的销售额就达到1亿元。

接下来，小仙炖又请了章子怡、陈数等一线女明星做品牌代言人，同步将品牌广告通过电梯媒体向全国一线城市全面推出——“精选马来西亚、印尼燕窝，保质15天，每周冷鲜配送，连续三年全国销量领先”。

2020年“6·18”期间，小仙炖销售额达2.4亿元，超过汤臣倍健，成为保健品类的第一。

以前企业打品牌是先做知名度，再做认知度，促使消费者购买，再做出忠诚度。

现在的品牌通过利用流量红利，把这个顺序倒过来了：往往是先积累一批忠诚的粉丝，形成了小范围的忠诚度；这些粉丝再在平台上做非常好的口碑分享——这个时候就相当于“火”已经点起来了，只是因为范围还很小，所以只有一点小火苗。分众电梯广告在这时就像是一桶桶油，一浇上去，火苗瞬间就燃烧成漫山遍野的大火。

例如小仙炖鲜炖燕窝，很多人一开始并不知道这个产品，在线下看到分众广告之后产生了兴趣，上网一搜又看到很多女明星都在吃，还有那么好的口碑，迅速建立了一定的信任度，最终形成购买；

吃了之后发现确实不错，又建立了忠诚度。

在这个过程中，分众做的事情是帮助消费者认识、认知这个产品，而明星推荐产生的好口碑做的是认同，最终将消费者导向认购。

这是一个承前继后的链条，前端必须要有广阔的量，要让更多人认识、认知这个产品，有了认识和认知，再在网上形成认同，发生认购，建立忠诚度。这才是完整的链条。

流量是品牌赢得人心的结果

为什么说直播种草是“术”不是“道”呢？这些都只是方法、途径，品牌才是一个市场的“道”，因为人心比流量更重要。

很多敏锐度比较高的企业抓住网红种草、视频直播这波流量红利，这相当于抓住了一个非常好的商业机会。但过了一段时间后红利会逐渐消失，就像当年的淘品牌，最初的时候也有流量红利，后来的天猫、京东和唯品会，以及小红书、抖音、快手、淘宝直播也都有流量红利期。

不同的商业发展过程有不同的红利期，可能是 3 个月、6 个月……但过了一段时间，流量红利期结束，流量红利就变成了流量成本，而且这个流量成本会越来越高。

流量本身还是要靠品牌提升转化率。直播主播大家都喜欢李佳琦、薇娅，他们动辄一年可以卖数十亿元的产品。但他们是直播行业的头部品牌，排第三、第四的量就已经是断层式减少，排在后面的其他主播卖的量就更小了。

一个不太知名的品牌，即使能邀请李佳琦、薇娅这两位直播界大咖带货，大概也就只能卖100万元、200万元。而如果是像雅诗兰黛、SK-II这样的大品牌，就可能很轻松地卖到5000万元以上。原因很简单，因为雅诗兰黛、SK-II足够大牌。

直播带货其实是一次大牌的品牌势能的集中变现，是品牌全网最低价的一次聚划算促销。

通过薇娅、李佳琦的直播，通过他们更亲切的交流，品牌会得到一个更好的口碑。但这只是换了一种形式，促销的本质并没有改变。如果是一个品牌力强的品牌，直播的变现率就很高；如果是一个不太知名的品牌，即使李佳琦、薇娅去推，可能也没有那么好的效果。所以，品牌才是真正的核心关键。

品牌赢得人心之后，流量就是结果。

如何让品牌与效果协同

品牌广告是长效机制，效果广告往往是短效机制，品效协同的最好方法就是打“线上＋线下”的组合拳。效果广告可以根据品牌广告到达的受众数据进行有效追投，使得它具有更强、更快的转化能力，缩短品牌广告和效果广告之间的“时差周期”。

近年来，大家都在谈“品效合一”，但我比较反对这个词。

因为效果广告是一个短效机制，而品牌广告是一个长效机制，所以品效很难合一。但我们前面说过，品效是可以被协同的。广告主打了品牌广告之后，可以知道有哪些人看过这个广告；效果广告再追踪，就使得它具有更强、更快的转化能力，缩短品牌广告和效果广告之间的“时差周期”。

品效协同 = 向上撬动 + 向下撬动

品牌要做到品效协同，需要同时进行“向上撬动”和“向下撬动”。

向上撬动就是撬动流量、渠道。比如说消费品品牌在投放分众的广告画面中可以落款到天猫搜索框或京东搜索框，广告主就可以跟天猫、京东去换量。如果汽车、装修等行业的企业想跟百度搜索、今日头条搜索换量，也可以在分众的广告下落款百度搜索框和今日头条搜索框。

换量之后，再针对投放了分众广告的区域在平台上进行二次精准投放。这样消费者会在小区或写字楼的电梯看到你的品牌广告，打开手机又会在百度、今日头条、天猫、京东等平台上再次看到这些广告，这样就加强了消费者的关注度，提高目标用户点击率，再形成收藏、加购行为，或者形成销售线索。这就是向上撬动流量。

向下可以撬动经销商。比如一个奶粉品牌在分众打广告，因为母婴产品对线下互动体验的需求度更高，那么在广告画面中的落款可以是这个广告点位附近三公里内的母婴店，比如孩子王的具体地址等。具体指向孩子王的门店，孩子王会觉得这个奶粉品牌帮它做了导流，也就愿意用店内资源来支持这个奶粉品牌。这是很好的企业与企业相互合作、彼此支持的方法。

比如，金笛口服液的销售额从一两亿元一下子涨到 5 亿元，是怎么做到的呢？实际上，金笛采用的方法很简单，作为一个治疗喉咙痛的药，它在每个地方打广告时，落款都是当地的连锁药房。金笛的广告为药房导了客流，金笛再以此向连锁药房换取“首推权”——当喉咙痛的人进到这些连锁药店之后，导购首先推荐金笛。

想要品牌广告更快地转化成销售，还可以同步组合线下活动。比如饿了么 2015 年在写字楼打广告“饿了别叫妈，叫饿了么”的时候，同期还做了一个活动叫“天下就有免费的午餐”，用户下载饿了么 App 就送 20 元优惠券。此外，它在大概一万栋写字楼里面做了地推活动，这个地推活动促使每个单位里面的种子用户不断发酵。通过 8 周时间的广告加地推，饿了么的订单迅速从单天约 700 万个，提高到单天约 3400 万个。

我们给某汽车品牌在东莞打广告，这个品牌在东莞有 4 家 4S 店。于是，分众的广告在每个区域就落款到不同的 4S 店地址，并且打的是不同的促销方案。这样，汽车品牌广告也同时撬动了当地经销商的资源。

此外，我们在将广告指向 4S 店的时候，4S 店也可以同步在周边 10 公里之内分众广告覆盖的公寓楼、写字楼去做地推。消费者每天都在电梯里看到这个汽车品牌的广告，周末出了小区就能在门口看到一个小型车展。

线上线下活动如何更好地联动，可以更有想象力。汽车品牌在广告上贴个二维码说扫码免费接送到 4S 店看车，其实转化率很低。因为销售的目的性太强，消费者会有一定的抵触心理。那如果改成扫码可以免费送你上班一次，或是周末免费送你去商场呢？这样可以让用户主动体验，直接把坐商变成行商，而不是在 4S 店等消费者。

蔚来汽车创始人李斌在分众上做过一次很有趣的广告。他找到几千名车主，就在车主所在的社区里打蔚来汽车的广告，告诉社区里的其他潜在购车者：“我为蔚来代言！”

广告画面上有车主的照片、微信二维码，其他潜在购车者不用去蔚来 4S 店，可以直接扫码，在自己的小区里找到车主。老用户推荐给新用户，加上在本小区的地理位置优势，邻居之间容易建立信任，给蔚来汽车带来了非常好的独特价值。

同样，飞鹤奶粉除了借助央视和分众推动的大规模品牌广告势能之外，也同步在很多母婴店门口做地推活动——“迷你秀”。截至 2019 年，飞鹤一共做了多少场地推活动？ 53 万场。

在分众传媒这样的平台上打广告，是品牌引爆的一个必要条件——但不是充分条件。没人能说只要打了广告企业就一定能赢，除了自身产品的差异化价值等基本前提之外，一个企业的成功一定是“空军”“陆军”多方面配合的成功。

“空军”就是品牌广告，“陆军”则是流量、地推等。提升品牌势能正确的方法是通过像分众传媒这样的消费者每天必经的生活场景媒体平台，进行品牌价值主张的传播，建立广泛的知名度和信任感，同时通过精准的数字化营销工具、地推、门店，多维度触达目标用户，并与目标用户进行互动沟通。这样才能把生活场景媒体与数字化营销相结合，形成品效协同。

一旦建立起用户认知，它将是长期有效的。流量广告是一时的，打完流量广告，获客的阶段就结束了。只有同时打起品牌广告和流量广告，才能获得综合价值：获客成本更低，效率也更高，而且长期来看，这个品牌能够成为目标城市中越来越多用户的首选。同样的营销预算，通过合理配比，既实现了高效流量获客，又收获了品牌长期价值，这才是正确的“品牌之战”。

流量广告和品牌广告应该如何组合？

“空军”和“陆军”组合，能使“战争”获胜成本最低——品牌广告是“空军”，流量、地推是“陆军”。“空军”的工作是炸开消费者的心智防线，让“陆军”能够用更快的速度、更低的成本去夺取阵地，占领成果。

品牌是“道”，流量是“术”，这两者是可以被组合的。

流量不是一切生意的根本，人心才是一切生意的根本，一个品牌夺取人心才是关键。

流量是什么？流量是品牌赢得人心的结果。

“空军”炸开消费者心智防线，“陆军”迅速占领阵地

在中国，大家觉得什么有流量？品牌，如淘宝、天猫、京东等，它们有持续免费的流量。

品牌一旦赢得了人心，流量就是天生的。品牌是持续的、免费的流量，而且能够让流量有更强的转化。品牌可以使自身的溢价能力得到更大的提升。

流量是“术”，品牌是“道”。

品牌和流量两者之间的组合，有点像“空军”跟“陆军”的组合。

什么是“空军”?“空军”就是打品牌，主要工作就是开足火力，炸开消费者的心智防线，让消费者更容易接受，打开消费者的心智。

什么是“陆军”？“陆军”就是做流量、做地推，主要工作就是在“空军”的掩护之下，在“空军”炸开消费者的心智防线之后，用更快的速度、更少的损伤，迅速占领阵地，夺取成果。

今天的战争打的都是“空军”“陆军”的配合战。“空军”先打开消费者心智，然后“陆军”再冲上去打。一旦“空军”先炸开消费者心智防线，“陆军”长驱直入，就可以实现战争成本最低化。否则，如果“空军”炸不开对方的心智防线，“陆军”要么怎么攻也攻不上去，最后死伤无数，要么即使勉强攻上去，也会付出巨大代价，花费很多成本，最后也不赚钱。

举一个例子。假如你有一笔广告预算，其中 40% 用来打品牌的知名度、认知度，60% 放在渠道、流量和地推上。这 40% 的广告推上去，品牌知名度、认知度起来，很可能会使得 60% 的流量的转化率提升三四倍以上。

互联网流量广告和人员地推都是“陆军”，而分众等媒体推的广告则是打品牌，是“空军”。“空军”是来帮助“陆军”提升转化率、成功率的，不是直接跳伞来夺取阵地的。

营收 = 流量 × 转化率 × 客单价 × 复购率

2019 年，广告圈有一篇被刷屏的文章《阿迪达斯：我们在数字营销领域进行了过度投放》。

有媒体文章称，在国内外，这篇文章被认为是一篇“里程碑”式的报道，被看作日益把“效果可见”的数字营销当作品牌核心追求的品牌主所必须注意到的一个重要警示，越来越多的品牌正在变得短视，追求短期可见的营销“成效”及其带来的 KPI（关键绩效指标）增长，使得人们正在失去对品牌核心价值的掌握。

电商互联网上有一个公式：营收 = 流量 × 转化率 × 客单价 × 复购率。大多数时候大家都注意流量，但是这个公式背后还有三个词：转化率、客单价和复购率。

转化率来自什么？在流量方面，无论是薇娅、李佳琦，还是聚划算或抖音、快手，最重要的是后面的转化率。知名度、认知度高的品牌转化率就高，这是一个显而易见的特征。

品牌知名度、信任度不同，最终的成交率就会差好多倍。地推也是如此：品牌知名度越高，接触用户的机会就越大；品牌影响力、信任度越高，成交率就越高。

接下来是客单价。品牌势能决定了品牌的溢价能力，雅诗兰黛小棕瓶即使比别的品牌价格高很多，消费者也愿意购买，因为品牌力足够强。

最后一个是复购率。品牌势能强的产品，消费者的忠诚度更高，复购率就高，这同样是显而易见的。

互联网广告精准投放，打品牌会更有效吗？

一边用分众做品牌、引爆生活圈，一边用手机端做内容营销，两者合在一起，是一个非常好的品效协同的匹配方法。

在过去几年中，互联网的价值不断地被发掘出来，互联网有了更多的大数据精准分发，成了媒体行业一个非常重要的势力。传统的信息模式随之发生了巨变——主流人群很少看电视，都转去移动端了。

但是，用户在互联网上，无论是看新闻，还是看娱乐节目，看的都是内容，不是广告。广告对于他们来说，就是一个打扰、一个中断，是被用户刻意忽略的。用户看新闻客户端会忽略广告，看互联网视频也会买会员去广告。

互联网是一个非常好的流量平台，可以通过精准分发为大家导流导购，这是它最大的特点。但是在互联网上做品牌是比较难的，移动互联网时代消费者主要看手机，他们只看内容，不太注意看广告，所以在手机上要做内容营销，而且因为手机屏幕很小，不会形成比较强制性的收视。因此，反而是分众这样的媒体在崛起。

今天，消费者在什么场景中会主动看广告？大家每天都要路过电梯，会主动看一下广告。比如在电梯里，你旁边有一个陌生人，如果盯着人家看，好像不太礼貌，很尴尬。这时候是不是看一会儿广告会比较好？再比如，一个人坐电梯，手机信号也不好，这时会想看三面不锈钢，还是一个广告？有点内容总比不锈钢好。

这几年，不少品牌都是分众传媒引爆的。很多消费者真正记得住的广告，基本上都是从分众传媒上看到的。电梯媒体覆盖了三四亿的城市人口，而且这些人是引领消费的主流人群。做品牌要引爆主流人群，尤其是做中产阶层市场，电梯媒体因此找准了关键。

广告可以分两种类型，一种是流量型广告，或称效果型广告，比如微信、今日头条、百度上的广告；另一种是认知型广告，像央视、分众传媒上的广告，帮助企业建立消费者对品牌或产品的认知度。

这两种广告没有好坏之分，但是它们发挥作用的过程完全不一样。流量型广告，用了马上起效，但是不能停，停了效果瞬间就下来；认知型广告，用了不会马上见效，但在消费者心中已经种下了认知，他们以后遇到流量型广告，转化的概率明显比单纯的流量型广告要高得多。

一边用分众做品牌、引爆生活圈，一边用手机端做内容营销，两者合在一起，是一个非常好的品效协同的匹配方法。

延伸阅读一：

玩流量已是巅，何苦要再破圈？[1]

作为一个科技写作者，我经常要费力地向很多人解释什么叫“破圈”。

如果一定要给它一个定义的话，怎样去解释它?

如果仅仅是在网络公共空间的不同群体间流动，那不叫破圈，充其量只能称为“浸润”或“影响”。

真正的破圈，不仅是从一个群体向另一个群体，还要从一个领域向另一个领域，从一个阶层向另一个阶层，从一个认知空间向另一个认知空间；更高层次的破圈，还要跨越空间和地理，沟通虚拟和现实世界。

今天，“破圈”这个词，大多用于商业。

准确一点说，它更多的是指从企业的心智认知、品牌认知，从某个垂直圈层向主流群体的“破圈”。

B站、猿辅导、元气森林就是很明显的例子。

从这个意义上讲，“破圈”指的是用户群体不断向主流文化、成人社会靠拢，因为只有如此，用户规模和消费能力才能有大幅增长，产品的品牌势能才能有突破性的增量。

B站早期是一个动画、漫画、游戏、内容创作与分享的视频网

1 作者：陆星集，资深媒体人、作家、互联网史研究者，从2001年开始报道中国科技和创新产业，曾服务于数家知名科技媒体及BAT企业，亦曾深度参与互联网创业。近年来对于企业品牌力建设和品牌发展史尤为关注，有多篇作品引起行业关注。

站。因为主要面对年轻人群，一直在商业价值上被认为天花板较低，这是B站长期以来的苦恼。但是，经过十年多的发展，围绕用户、创作者和内容，B站构建了一个源源不断产生优质内容的生态系统，这是它最大的价值。

从2019年开始，B站明显加速破圈动作，其主推的UP主[1]也开始由LexBurner、敖厂长、Papi酱等开始向罗翔老师、骁话一下、巫师财经等法律、科技、财经领域变化。

此后，B站有两个关键性举动。

第一，《后浪》一出，全网刷屏。此后的操作从引入娱乐明星到刷屏视频，再到“2233娘失踪”事件，可谓无所不用、无所不尽。

第二，登陆分众，走进现实。高喊出核心定位词“你感兴趣的视频，都在B站”，并且给出“学法律”“学企业管理”“学吉他”“学外语”等诸多“实用+主流”的场景，一时间大江南北尽是魔音贯耳……

《后浪》一刷，分众一推，B站市值暴涨70亿美元。这证明了B站的破圈是成功的，至少在消费者心智和期待层面是成功的。B站市值的暴涨，体现了社会和资本对年青一代消费潜力估值的增长，也代表着不想长大的90后、95后已经开始接棒成为“主流群体”。

接下来，我们再来看看猿辅导。

猿辅导在在线教育领域有两个心智烙印，第一个是“在线教育的引领者”，第二个是“教育市场的后来者”。长期以来，猿辅导实

1　网络流行语，指在视频网站、论坛等上传视频音频文件的人。

现的都是流量驱动，其中既包括以小猿搜题为代表的流量收集型产品的流量入口式打法，也有长期坚持的在各大网络平台的流量投放。

然而，尽管已经引领在线教育发展近5年，并且长期扮演K12（学前教育至高中教育）领域内最大的流量获取者的角色，猿辅导在很多公众心中的认知，仍然无法很快突破学而思等老牌教育机构长期发展积累的认知度和美誉度形成的护城河。

2019年，猿辅导开始筹谋“破圈”，希望把获客渠道从习惯于网络消费的群体，开拓到更为广泛的主流人群。

在这种情况下，猿辅导找到了特劳特，后者提炼出了“4亿人在用的猿辅导”这一核心关键词。此后，猿辅导在分众砸下重金，通过对5亿主流群体不断进行品牌引爆，把“猿辅导是中国用户最多、最大的在线教育机构”这个概念钉入用户心智，从而使得传统教育机构感到了前所未有的压力，而猿辅导在消费者心智中也成功地从“最大的在线教育品牌”升级为“最多人用的教育品牌”。

猿辅导在线下分众等媒体的引爆效果十分明显，品牌影响力大幅提升。2020年3月31日，猿辅导宣布完成新一轮10亿美元融资。本轮融资由高瓴资本领投，腾讯、博裕资本和IDG资本跟投，投资后猿辅导估值暴涨为78亿美元。

元气森林的案例就更加明显了。

2014年，国内上市公司中文传媒斥资26.6亿元人民币收购智明星通，资深互联网创业者唐彬森开始酝酿自己的又一次创业。

2016年，元气森林正式成立。最开始，元气森林是非常明确地针对年轻人群、消费升级群体、二次元群体进行突破的品牌。元气森林的首席品质官秉乾说过，元气森林恰好满足新消费群体对于品质的高要求："95 后是很特别的一代，他们拥有丰富的夜生活，对吃喝很讲究。据调查，他们消费食品时，70% 的人要看保质期，75% 的人要看成分，100% 会在意包装的质感。而元气森林能够满足这些需求。就连给产品打码的机器，我们买的都是最好的，为的是打出均匀美观的条码。"

一方面反复强调 0 糖 0 卡 0 脂肪，一方面在抖音、B 站、小红书种草，加之选择先直奔年轻人群热爱的消费场所——便利店，元气森林很快赢得年轻人的喜爱。

元气森林的估值在不断提升，但唐彬森发现自己面临一个深深的沟堑——如何从 95 后年轻粉丝群体的选择跃升为更主流人群的选择——这个群体同样具有重视健康、追求消费升级的特点，但也需要更高的品牌势能才能进入。

唐彬森下了决心，一边继续花式在线引流种草，一边筹集资金，选择与自身目标群体最匹配的分众电梯媒体，把"0 糖 0 卡 0 脂肪"这个核心诉求在 C 端城市主流人群中进行影响力引爆。

有评论者说："在传统广告传播手段已经失灵的大环境下，元气森林这类品牌的目标群体在哪里？绝不是在家看电视的那群人，也不是看视频不肯花 20 元买会员，能忍受看四条 15 秒贴片广告的人。那么，品牌如何吸引目标人群的注意力？元气森林非常精确地选中了分众电梯媒体来实现对城市主流人群的引爆。"

破圈的核心难题是什么？

为什么要破圈？

B 站估值暴涨 70 亿美元，猿辅导估值升至 78 亿美元，元气森林估值升至 20 亿美元……这就是答案。

如果用不太精准的标准来计算，这三家企业的市值或估值增长的部分，等于品牌引爆后扩展的用户群体能提供的新价值。

以 B 站为例，原有用户 2.2 亿，覆盖的主要是年轻群体。利用电梯媒体“破圈”后，估值上涨 70 亿美元。这 70 亿美元就是 5 亿潜在增量用户带给 B 站的价值增量，是实打实的增长。

破圈是必要的吗？这主要看企业发展的需求。

笔者认为：破圈的最大动力，来自企业扩大用户群体的基本需求。换言之，只有正在追求高速成长的企业，才有破圈的最大动力。因为破圈不但难、价格贵，而且没有必胜的把握，风险很大。选错平台、选错工具、选错方式甚至选错定位，都可能让“破圈”变成“破财”。

此外，“破圈”的价值还在于品牌势能的“破圈而出”。

品牌势能的破圈必然能够连接新的群体。这其中最典型的例子就是饿了么。外卖在中国以及世界其他地方都是一种古老的服务形态，但渗透率一直很低，是一个很小的群体。这里面有很多复杂的因素，包括用户的接受度、外卖体系搭建的复杂性等。而饿了么当年果断选择分众破圈，使得外卖和新的用户、场景进行了连接。

外卖最早在消费者心智中的认知是“这是一种为不做饭的群体提供的服务”，但在饿了么“破圈”成为国民应用之后，大家发现这既是一种可以通过“时间交易”改善自己时间成本结构的服务，也是一种可以提供更多生活选择、更多生活乐趣的服务。

除了提升品牌势能外，破圈的价值还在于连接虚拟和现实、线上和线下。

本文所举的四个例子的重合之处在于，它们都已经把流量玩到了极致、用到了极致，是霸占你朋友圈的常客。

在经典互联网的方法论内，它们都已经较难找到大体量的增量空间；都崛起于虚拟空间并在其中称王称霸，但始终没有踏出从流量到品牌、从线上到线下、从虚拟到现实影响力的关键一步。

破圈，一定不是仅仅在互联网公共空间内不同群体的相互打通，还是从一个阶层向另一个阶层、从一个认知空间向另一个认知空间的打通。而且，更高层次的破圈还要跨越空间和地域，沟通虚拟和现实，从而实现品牌的飞跃和消费者心智的抢占与固化。

笔者认为，“破圈”还将被赋予更丰富的视角和内涵，但必然依赖两个因素，一个是主体的强大，一个是工具的有力。

后疫情时代推动了在线经济的又一波高潮和线上线下场景的进一步打通，破圈将不再是新鲜事，但如何破圈将是长期研究的方向。

延伸阅读二：

阿迪达斯 30 亿元的教训，揭开了“过度投放”的数字营销迷区[1]

在广告圈，有一篇被刷屏的文章——《阿迪达斯：我们在数字营销领域进行了过度投放》。

文章的核心内容是，由于对“效果可见”的广告的过度投入，阿迪每年至少付出了 30 亿元人民币的“教训”，而且更大的代价是对于品牌建设的忽视和荒怠，这造成的损失难以估量。

笔者对数字化媒体营销并无偏见，但本文的价值在于，我们建议更好地将数字化营销和品牌营销进行有逻辑的组合，这样会使你获得意想不到的品牌成长的“飞轮”。

被自己见到的迷住了双眼

广告界有一句无人不知的名言——你的广告费有一半是浪费的，只是你不知道浪费的是哪一半。

近 20 年来，这句话成为数字化媒体在绝杀传统媒体——如电视、报纸、户外广告时，反复念诵的咒语。

与其说数字媒体更有效，倒不如说这句“魔咒”更能击中广告主的心智——没有人希望浪费自己的广告费，更没有人希望自己显得愚蠢。

1　作者：李怡，独立品牌顾问，公众号“百闻不如怡见”主理人。专注品牌策略，服务客户包括屈臣氏、壹基金、MitoQ、Hibake 等。

的确，传统媒体在评估效果方面存在落后、数据可视化程度较低的一面，这使得数字媒体显得生机勃勃——有谁会拒绝自己购买的每一次点击、浏览、跳转或者裂变，都有数据可以参考，都有数字可以说明，都能精确计算 ROI（投资回报率）吗？

这使得品牌主越来越乐于把钱花在这些 ROI 可以量化的媒体上，上述阿迪的案例就是一个很好的例子——阿迪用于“效果可见”的营销的预算占据了其 20 亿欧元年度营销预算的七成以上，而传统的“品牌建设”只得到了三成不到的预算。

如果你认为阿迪达斯的预算比例是很多品牌主正在试图达到的一个“更美好”的营销成本结构，那应该立刻去阅读《阿迪达斯的自白》这篇文章。

因为它告诉品牌主一个事实——过度投入甚至完全寄希望于那些“效果可见”的渠道，也就是诸如信息流、SEO（搜索引擎优化）/SEM（搜索引擎营销）、电商广告、社会化媒体甚至是更新颖的“碎片式”营销这样的渠道，不仅仅是危险的，也是短视的。哪怕这些渠道可监测，甚至能按 CPA（每次行动成本）甚至 CPS（每次销售成本）付费，ROI 立竿见影。

对于大多数处于广告投放关键岗位的中高级员工来说，“数据可见”显然能够促进他们更好地完成 KPI，以及给上级汇报更明确、更有成果的 ROI。

阿迪的案例最令人警醒的并不是投放数字媒体，而是提醒人们，对“效果可见”的营销带来的显而易见的短期效益的追逐，会让人们失去对品牌本质的思索和把握，甚至会把短期的营销当作长期的品牌建设的替代品——最终的结果，就如同那些希望吃一些“能量药片”就能代替长期的身体锻炼，或者认为“数据显示电子烟无害”的现代人一样，付出的是长期的健康代价。

这世界上有些东西可能就是无法准确量化的，比如文学、音乐，还有品牌影响力，就像你不能通过数据的方式说明一个诺贝尔奖得主的作品比另一位更好一样——这个世界告诉我们，有些涉及心灵的事情就是无法量化的，但它们对人的影响往往更强大且深远。

我们要的是什么？

我们应该进行更精确的分析。

我们来分析一下“GMV= 流量 × 客单价 × 复购率 × 转化率”这个公式。

首先，流量红利正在普遍消失，依附于流量的“碎片化营销”也因此价格更贵。那么，在乘数不变或者缩小的前提下，要使 GMV 得到提升，就需要在另外几个乘数上下功夫，这时候你会发现：

转化率取决于品牌知名度和认知度，即品牌的影响力决定了转化率的高低；客单价取决于品牌势能所带来的溢价能力；复购率取决于产品体验、品牌黏性和叩击用户心智的频度（和流量有部分关系）。

这个公式告诉我们，提升 GMV 的绝大多数变量和品牌力有关，只有流量和品牌的关联度较低。

但是，由于数字媒体显而易见的诱惑，大多数品牌主不惜耗资巨大去投资价格越来越昂贵、形态越来越碎片化甚至粉尘化的“效果可见”的流量广告，忽视同样甚至能更明显带来 GMV 提升的品牌建设和品牌引爆。

这也回答了一个问题，为什么营销预算的增幅越来越高，BAT和头条、抖音、快手这样的企业越来越赚钱，但越来越多的品牌主却感到这些流量广告偶尔有伟哥的效果，不仅药不能停，在成长越来越高而且类似直播带货的生意一次低价引发的高潮之后，价格越来越难守，生意越来越难做。

答案是，钱没有花在能真正建设品牌力并能长期累积价值的地方。

在对阿迪的案例分析中，资深业者提出一个重要的观点，一个用户至少需要20次以上的与品牌的接触沟通，才能产出一次关键性结果，而且很多互动不是数字式的，而是传统式的。

在这里要特别提及的是近年来备受欢迎的网红经济、社交媒体营销等所谓“碎片化营销”。事实上，越来越多的品牌主切身感到的是，看似很精准的分发、看似每天各式各样种草，但并没有带来实实在在的引爆效果。

很简单，广告是一种要进入用户心智才能产生效果的营销方式，就如同药物要穿越“血脑屏障”才能在人体发挥效力。

而绝大多数碎片式营销看似无处不在，其实轻、软、无序、无指向性，因此不具备穿透用户心智的品牌势能，所以看上去漫天花雨，实则效果不佳。

或许有人会举出李佳琦这样的网红带货王来证明网红营销的能力，但这恰好是一个反例——据36氪报道，2019年“双11”预售中，李佳琦直播间的雅诗兰黛眼霜产品每15秒就卖掉一瓶，雅诗兰黛官方旗舰店数据显示，仅他一人就拿下该产品87%的销量，因为他不仅口才了得，更拥有全网最低价。但问题的关键就在于，如果李佳琦带的不是雅诗兰黛这个大牌的眼霜，还能取得如此辉煌的业绩吗？这是一个典型的品牌势能推动转化率的例子，还有比这更生动的吗？

第二次世界大战中，最终改变战局的是扔到广岛和长崎的两颗原子弹，它们的当量是1.3万吨TNT炸药和2万吨TNT炸药。相对于整个二战中发射的子弹和引爆的炸药总当量，1.3万吨和2万吨只是极其小的数字，但是它们却结束了战争。原因很简单，它们具有前所未有的集中引爆的能力。

然而，“比1000个太阳还亮”的这一个高光时刻也不是原子弹致胜的本质，真正的本质是多年的理论建设和“曼哈顿”核工程建设，这才是爆炸的根本保证。

越追求短期效果就越容易放弃长期建设，这在现在并不少见。

数字化媒体并非无效，但要和集中品牌引爆一起使用

如何进行品牌建设和品牌引爆？我们再看一个公式。

品牌势能 = 品牌差异化 × 心智锐度 × 到达强度

目前，我们已经处在一个非主动选择的粉尘化传播时代，这种氛围意味着清晰的品牌到达越发困难。

其实，不管你是否选择，碎片化、粉尘化对如今的媒介环节来说，都是不可避免、无法抗拒的事实，也意味着极大的不确定性和更大的品牌心智到达难度。

那我们可以抓住的确定性因素有什么呢？笔者认为有两点：

第一，建设差异化的品牌和讲好心智故事，永远不过时；

第二，锁定用户必须经过的时空集中引爆，永远不过时。

比如波司登，一个本来被认为老化的品牌，正是因为其“老”，所以提炼出了“专注羽绒服 42 年，畅销世界 72 国”的品牌亮点，一下子给品牌增添了很多厚度和可信度，再加上频繁推出潮流新品、参与世界级时装周，使得这个传统的功能性消费品一下具备了同类同时代品牌所不具有的差异化和时尚感，其营收从 2017 年的 60 多亿元一举突破 104 亿元。

比如飞鹤，面对 75% 的国际品牌拥有的国际专业、安全的形象，不是跟随而是借助中国用户认为的一方水土养一方人的常识，将“更适合中国宝宝体质”这样一颗心智之钉牢牢打入用户的大脑中，营收在几年间有了大幅增长。

又比如美团、饿了么，这两个已经是非常成熟的新经济品牌，但仍持续进行品牌的集中引爆，是消费者不熟悉它们吗？不是，因为它们深谙品牌引爆的边际成本递减的奥秘——每一次重复都有沉淀，每一点沉淀都意味着下一次传播的成本又便宜了一点。

最后，让我们看看这些品牌引爆成功的最终重叠之处在哪里——它们都选择了分众这样针对主流人群的集中引爆设施。

分众是一个被称为总是在封闭空间强制性收视的媒体。对于品牌引爆来说，它的强大之处在于，它处于主流人群的必经之处——无论上班还是回家，可以想象只要人类工作的物理形态不发生本质改变，分众就永远有效而且无法屏蔽。

分众的另一个秘诀在于，如果在一个单位时间内的重复冲击达到了某个阈值，不仅让受众绝对无法忘怀，甚至会变成一个社会实践。有家叫易车的网站采取把分众的全国渠道“包一天”的做法，实施了一种被称为“超叠加”的传播，结果毫无悬念——它一举成名天下知。易车在广州车展上对汽车经销商做的一次现场调研显示，易车在全国分众电梯媒体这一天的包屏所产生的影响力超过了易车在四大电视台、三大视频网站、三大户外投放的广告的总和。

前述原子弹的案例告诉我们，必须把品牌差异化、用户的心智特点、打算用什么词语或形式进入用户心智、如何抓住引爆带来的用户心智变化的关键时期配称其他跟进手段等考虑清楚、处置妥当之后，才能最终按下那个“起爆”的红色按钮。

碎片化和集中化从来不是绝对互斥的，而是一个动态变化、动态结合的过程。没有分众这种核心的引爆手段，品牌往往无法广泛地进入用户心智，而恰如其分、适时而来的碎片化营销可以配合品牌引爆，进一步巩固用户的心智认知，并增加用户和品牌间的良性互动和触达——研究表明，在用户最终决定购买之前，消费者和品牌的“互相接触”可能高达 20 次之多，这么多次的接触显然并不应该由分众这一种“弹药”来完成，碎片化媒体和分众的软硬结合其实是一个更好的形态。

这是一个品牌越来越难做的时代，也是一个传统经济亟待品牌的力量进行转型升级的时代。笔者发现，目前能够看到的绝大多数分析文章，都在强调碎片化营销和集中引爆设施的差异，少有明见者能够探索两者结合的效果。希望本文能够带给品牌主一种启发，毕竟这种结合的新模式没有标准答案，只有不断创新和摸索。

第八章

不同类型品牌的突围之路

老品牌如何焕新升级？

老品牌要让今天的年轻人喜欢，焕发出自己的青春和独特价值，重新定位是一种非常好的方法。只有通过广告饱和攻击，冲击消费者的心智，才能奠定在市场中的领先地位。

年轻人大多更喜欢新鲜事物，一个存在多年的成功品牌尽管值得信赖，但缺乏活力难免遭到抛弃。老品牌要让今天的年轻人喜欢，就要焕发出自己的青春和独特价值。

现阶段，中国很多知名企业都面临一个共同的问题，就是品牌老化。

老品牌如何获得新一代年轻人的喜爱，重新崛起？

通过重新定位，品牌焕新。

要知道，世界上没有一蹴而就的成熟品牌，任何品牌的发展之路都有一个否定之否定的过程，即螺旋式上升的过程。国际知名品牌也是一样，拥有一百多年历史的可口可乐，在近 42 年内就曾经三次“重塑”；快餐巨头麦当劳也在2003年4月进行过品牌“重塑”……品牌“重塑”的本质是重新定位，是通过重塑与再造来延续和提升品牌，使品牌更具活力、适应力和竞争力。

受疫情影响，会有更多老品牌加快进入成熟期、老化期。那么，品牌焕新、重新定位之路怎么走，是摆在众多老品牌面前的迫切难题。在这一章，我们将通过多个老品牌重新定位的成功案例，梳理出老品牌重新崛起的路径。

/ 案例拆解 /

波司登

波司登已经40多岁了，很多70后都是穿着它长大的，在这一代人眼里，波司登就是羽绒服的代名词。而且，当时波司登属于高档品牌，卖得不便宜。

2006年波司登上市。那时候的波司登一年有几十亿元的销售额，利润10亿元，市值300亿元。在当时，这可是非常厉害的公司。

但是到了2016年、2017年，波司登遇到了瓶颈。尽管大家都知道波司登，但是很多年轻人并不了解这个品牌，也甚少有机会能看到波司登。因为年轻人都去商场购物，而波司登门店主要开在步行街。商场里面都是优衣库、HM、ZARA这种快时尚品牌，很多人都在那里完成一站式购买，比如冬天在里面买保暖内衣，保暖内衣旁边还有超薄型羽绒服，就顺便也买了。每家品牌都有羽绒服，这就稀释了波司登的市场份额。

失去领先地位的波司登是怎么抢回市场、重新崛起的呢？就是重新定位。

波司登在2018年做了一个非常重要的战略转变，重新定位了自己的品牌，叫“全球热销的羽绒服专家”。波司登告诉大家，在美国、加拿大、意大利、法国，大家都在穿波司登羽绒服，波司登温暖全球2亿人。“为了寒风中的你，波司登专注羽绒服42年，畅销全球72国。”

同时，波司登还聘请了意大利、美国等地的世界级设计师来进行产品升级，设计合作联名款，召开了多场发布会，参加了纽约时装周。

除了升级产品，波司登门店也同步做了升级，所有线下门店都做了更优质的升级，设计更符合年轻人的视觉审美。

图 8–1　电梯间的波司登广告

产品升级了，门面升级了，广告也在同时进行升级。在最早期，波司登一年有2亿多元的广告预算，由于销量不涨，十年后的广告预算减少到了8000万元。十年后的8000万元的实际购买力显然比十年前低了很多，这就和早期的2亿元形成了更大的差距。

2018年，波司登决定再次投放广告时，给出了5亿元的广告预算，投给了央视、分众等媒体。这一轮战略合作之后，“全球热销的羽绒服专家”这一新定位被引爆了。

这一轮广告轰炸后，消费者对波司登的辨识度、认可度更高了。优衣库等品牌是什么类型的服装都有，但波司登是做羽绒服的专家，不同的品牌定位各有各的特长；优衣库等是全球品牌、中国热销，而波司登是中国品牌、全球热销。波司登找到了自己独特的价值。

一方面重新定位，一方面做广告饱和攻击。2018年10月，波司登开始打广告，但当月没什么反应，因为羽绒服销售的季节性比较强。到当年“双11”，营业额比前一年增长了100%，“双12”增长了279%；到2019年“双11”，营业额涨到了10亿元人民币。在2018年开始的这次反击当中，波司登全年的营业额一下子从几十亿元冲到了103亿元，当年的利润从两三亿元涨到了10亿元，这是一次重新定位的成功。

对于老品牌而言，更要清楚现在是存量博弈的时代，品牌厮杀更为激烈。老品牌要让今天的年轻人喜欢，让年轻人爱上，焕发出自己的青春和独特的价值，重新定位是一种非常好的方法。只有通过广告饱和攻击，冲击消费者的心智，才能奠定在市场中的领先地位。

知名品牌应该如何做好内容化、娱乐化、社交化？

无论是国内的老品牌还是国际品牌，都需要年轻化——年轻化的核心问题是如何保持新鲜度，保持热度，让品牌给消费者更强的潮流感。

品牌焕新升级的另一种方法是做好年轻化、娱乐化的营销工作，也就是说，跟更多好的 IP、电影或娱乐项目组合在一起。

内容化

长城干红是 2014 年 APEC（亚太经济合作组织）会议和 2010 年上海世博会指定红酒，也是 2008 年奥运会指定红酒，所以它给自己做了一个很准确的品牌定位："每逢大事必饮长城干红。"这是一个很好的定位，但怎么体现这个定位呢？

2019 年国庆 70 周年电影《我和我的祖国》讲述了中国 7 个非

常重要的节点，7 个中国的荣耀。当时，长城干红就抓住机会推出了一支广告，广告语是“长城五星干红，长城五星，中国荣耀”。它将广告在电影《我和我的祖国》中进行贴片，同时跟该电影形成了一个战略合作，把北京奥运会等热点跟电影片花组合在一起，在电梯媒体上再次播放。

这样一来，大家看到的长城干红广告就不是一支广告，而是跟电影的有效结合，是跟中国的那些光荣记忆的组合。这个时候，品牌跟最红的电影、最火热的 IP 结合在一起，就实现了年轻化和娱乐化。

我们也看到李宁在参加 2019 年纽约时装周时，请了一群外国模特穿着印有“中国李宁”字样的服装在秀场走秀。这背后的营销策略叫：“爱中国，穿李宁。”

大家想想，李宁是不是代表这个形象？ 1984 年洛杉矶奥运会，李宁为中国夺得了 3 块金牌；2008 年北京奥运会，火炬是由李宁点燃的。没有人比李宁更能够体现“中国李宁”这四个字。所以大家在看到美国纽约时装周，带有“中国李宁”这四个字的服装穿在国际模特身上时，民族自豪感瞬间就被激发出来，年轻人立刻就被打动。

老品牌要充分利用内容化、制造内容的能力，要跟最重要的内容、IP 结合，创造可以被传播的内容，让品牌拥有一颗年轻的心，让年轻人产生共鸣。

社交化

老品牌焕新还有一种方法，就是社交化。

娇兰在分众传媒上投放的广告是李佳琦的直播视频，而自然堂投放的则是谢娜的直播视频。现在很多品牌在分众传媒上投放的广告，都是一些 KOL（关键意见领袖）、KOC（关键意见消费者）种草的视频，或者明星在小红书、抖音上发的视频。明星在小红书、抖音上发了一条短视频，品牌商就直接将它投放到分众传媒的屏幕上。

这些短视频看起来不太像广告，跟传统的广告大相径庭，更像一个直播内容推荐。明星看上去像是在家里和你聊天，跟消费者很贴近、很接地气。这种广告效果非常好，消费者也很喜欢。

在银河系一般浩瀚的网络信息中，一条流量几百万的广告都可能被忽略不计。但这种种草类型的广告在分众传媒上同步投放之后，能够触达两三亿城市消费者，形成更强的广告到达率。而且，这些信息更像内容，更贴近消费者。

范冰冰在给 FanBeauty 这个品牌做广告的时候，当她将脸上的面膜拉开，大家都会好奇地想知道：范冰冰如果没有底妆，会是什么样的？于是，观众们都睁大眼睛看，原来她的皮肤确实非常好，刚敷完面膜脸很亮。

这就是社交化，社交媒体做广告，硬广和软广很难区分，并无明确界限。

创新化

老品牌可以采用的第三种方法是创新化，给客户非常多的新鲜感、热度，以及与众不同的体会。

比如士力架在分众传媒上的广告，结合了当时很火的电视剧《都挺好》的IP，倪大红扮演的“苏大强”在剧中趴着起不来的名场面。

观众可以点击屏幕上的“补充能量”，“苏大强”就会拿起一个士力架咬一口，然后马上生龙活虎地跳起来把对手反击掉；也可以点击屏幕上的“起来跳舞”字眼，“苏大强”会拿起一个士力架咬一口，瞬间变身“小鲜肉”来个后空翻——士力架扫除饥饿疲累，让你马上焕发活力。

这是在分众传媒的智能屏上，品牌通过触摸来跟消费者互动，引起消费者的关注。

宝洁飘柔洗发水在分众传媒上投放过一个很有意思的广告，当时的效果特别好。在这个广告里，飘柔洗发水的代言人是一个男明星，你会发现在早上上班和下午下班的时候，看到的广告是不一样的。上班的时候，你看到他咚咚咚地在电梯口的屏幕里敲，对着屏幕外的你说“女神，我要向你表白！”，但是电梯来了，他说来不及表白了，只能说“没事，你先上班，下午再说”。

等到下班的时候，你会发现这个男明星又在电梯口的分众屏幕里敲，准备向你继续表白。但他说“哎呀，一天下来你的头发乱了，女神变路人了”——没办法继续向你表白了。

通过这样一个戏剧化的表达方式，飘柔创造出了很多新鲜感和社会话题。

事实上，无论是中国的老品牌还是国际品牌，都需要年轻化。年轻化的核心问题是如何保持新鲜度、热度，给消费者更强的潮流感。

回过头来看，为什么上述几个老品牌能够抓住适合自己的年轻化的切入点，完成品牌升级焕新？很重要的因素是它们懂得在品牌升级后利用不同媒体的传播效应进行组合，将品牌焕新、重塑的信息发出去，让消费者认知到。在传播日益碎片化、粉尘化的当下，如果消费者没有感知到你的品牌重塑，那你所有的心思都白费了。

品牌传播的三种方式

对于知名品牌来说，需要的不是品牌引爆，而是要敢于重新定位，敢于年轻化、娱乐化，敢于做更多的娱乐内容、更多的新闻和事件，创造出更多与新闻和事件结合的热点话题。

归纳起来，品牌想要成功传播，大概可以有三种做法：第一是融入社会重大事件和社会重大话题，第二是融入社会重大娱乐事件，第三是融入消费者最核心的生活空间和生活轨迹。

但是，对于新创品牌，还是建议先做一个清晰的定位，然后借助媒体进行品牌引爆。通过高频的饱和攻击，先让大家记住品牌的名字，记住品牌所代表的差异化价值，而不是简单地去借用一个 IP 节目。

广告的本质在于重复，受众的记忆特点在于遗忘。一个品牌或产品只有通过反复触达，才能在消费者大脑中形成清晰的印象。神州租车、铂爵旅拍、新氧医美、妙可蓝多奶酪棒、洽洽小黄袋等品牌或产品，都是在分众上反复播出之后，消费者才对它们产生了强烈的认知。

一个新创品牌如果直接到电视或者网络综艺中借用 IP，比如冠名赞助一个节目，就会出现问题。因为对这些品牌而言，首先需要考虑一个问题：在众多节目当中，怎么能选准必将火爆的节目？真正有可能带动品牌的是最火爆的头部节目，比如加多宝冠名的《中国好声音》、伊利冠名的《爸爸去哪儿》等。这几年，基本上很少看到靠赞助一个 IP 节目就能引爆的新品牌。

对于观众来说，现在绝大多数的节目冠名商是记不起来的。头部冠名也都被蒙牛、伊利等相当成熟的大品牌拿走了。电视节目的冠名费用，对于新创公司而言，大多也都是难以承受的。

To B的行业怎么做品牌?

很多To B的公司都觉得，客户没打下来是因为地推不够强——表面上看来，这是个“陆军”的问题，其实是“空军”的问题。

用To C的逻辑思考

很多To B行业的底层逻辑其实还是To C。以家居建材行业为例，这是个4万亿元的大市场，可是其中为什么很少有大品牌呢?

因为在大部分家居建材企业的心中，客户依然是经销商，只要把货卖给经销商，工作就基本完成了。他们的商业思维还处在市场发展的第二阶段，即过去的渠道为王时代。所以过去很多家居广告都主要选择投放在高铁车站，一部分投放在机场，很重要的目的就是展示给经销商看。

如今，多数的家居建材企业还喜欢打促销战、价格战，如果疫情之后这个想法还没有改变的话，这个行业的生意会越来越难做。

因为家居建材产品的最终受众还是C端消费者。中国的商业早已进入了消费者主权时代，产品过剩，而且同质化。这是个强调消费者主权的阶段，消费者有很多的选择，这时的战争不是生产的战争，也不是渠道端的战争，而是消费者心智端的战争。这个时候，商战的根本是打赢消费者心智之战，如何抢占消费者心智成为每个品牌必须回答的问题。

如果产品同质化、用户缺乏认知、品牌难以动销，企业不仅没有品牌溢价能力，还会陷入价格战困局，总是靠促销拉动，经销商也很难赚钱，商业生态必然进入负循环。

所以，中国当下线下商业的底层逻辑应该是先 To C，通过产品创新给消费者一个选择你而不选择别人的理由，用差异化价值抢占用户认知，撑住价格体系，让经销商、终端、导购都有充分的动力，愿意付出努力来一起经营好这个品牌，让商业模式正循环。

当 To B 行业的渠道竞争变成对消费者心智的竞争时，过去 To B 的逻辑就变成了 To C。当消费者对你的品牌有了认知，向经销商、装修公司指名购买的时候，你就能成功摆脱同质化的恶性竞争。

/ 案例拆解 /

雨虹防水

防水涂料以前都是装修公司或工头去买，因为业主对这个品类的认知几乎是空白。业主在装修过程中，可能指定洁具要用科勒、TOTO，油漆要用三棵树、立邦，但是并不知道防水涂料也有品牌，只能委托“专业”的人去采购。那么这时候，装修公司就会采用对其最有利的合作厂商的产品。

因为消费者没有品牌认知，所以想要与经销商达成合作，防水涂料公司过去也只能通过不断地给工头更低的价格来做销售。

雨虹防水选择采取反方向的策略，做 To C 的广告，在消费者心智中建立认知。雨虹防水的广告语是："专注防水二十年，鸟巢防水供应商。"信任状很清晰，消费者一听，鸟巢都用它，就建立了信任感和安全感。雨虹防水让消费者像知道三棵树、科勒、TOTO 一样，知道买防水涂料要找雨虹，让消费者向装修公司指定防水涂料一定要用雨虹。

雨虹防水在消费者心智中建立认知的做法才是王道。

这两年，雨虹防水在 C 端的指名购买率大幅上升，销量每年都以百分之四五十的速度增加。

To B 的精准投放

还有一种 To B 的公司，比如钉钉。钉钉是一个用户广泛的企业级 SaaS（软件即服务）系统和企业级管理系统。这种类型的 To B 企业，只要打通写字楼、机场等商务场景就可以了。

因为当时分众传媒的屏幕设备已经覆盖了 300 万企业所在的写字楼，所以钉钉选择了投放分众。钉钉又请了各个企业界大咖代言，只要能把这 300 万优质的企业引爆，让它们都接受钉钉，就会迅速形成强大的辐射作用，打通写字楼就能有效触达这些企业。

还有一些 To B 行业相对目标客户的范围比较明确，也可以把广告投得很精细。比如：只服务律师事务所的企业，可以在分众传媒的数据系统中，查询哪些写字楼中有律师事务所，精准地针对这些写字楼去打广告；做橱柜定制的企业，只需要做房地产公司、装修公司的生意，在分众传媒的系统中搜索有房地产公司、装修公司的写字楼就可以了；只做外贸行业生意的企业，到分众传媒的系统中搜索哪些写字楼里有外贸公司，只做这些写字楼的广告投放就可以。

To B 行业非常需要品牌认知

我沟通过很多 To B 公司，它们都认为客户没打下来是因为地推不够强，人员扫荡不够剧烈。表面上看来，这是个“陆军”（流量广告）的问题，其实是“空军”（品牌广告）的问题。

比如你的企业有 10 万家目标企业客户，实际只做下来了 1 万家客户的生意，还有 9 万家没做下来。其中，3 万家客户可能是根本不知道有你这样一个平台的存在，而平台也没找到它们，或者是接触不到企业客户中关键的人；另外 3 万家可能地推到场了，也找到了客户的核心负责人，最后对方却没有把你的平台列入供应商目录中让你参加招标，因为它觉得已经在用的这几家供应商挺好的，没必要再加一家；剩下的 3 万家企业客户，可能认知到你的平台有一些独特价值，也让你的平台参加了招标，但在同等条件、同等价位上，企业客户却选择了别家平台。

造成这种情况的原因是：你平台的知名度不够，前面的 3 万家根本不知道你平台的存在；后面的 3 万家对你的认知度不够，没有选择你而不选择你竞争对手的理由；最后 3 万家客户对你平台的信任度不够，因为你的品牌势能不够。哪怕你实际上比竞争对手更好，客户仍然会选择自己感觉更安全和更信任的品牌。

所以，表面上看像是地推不力，但实质上不是品牌知名度不够，就是客户对品牌的认知度不够，或者信任度不够。一旦这些都够，转化率就会完全不同。

很多时候，大家要看到问题的本质，To B 行业也是非常需要品牌认知的。

中小企业如何做品牌？

没有创新的企业，怎么推广品牌都是浪费资源——不是所有品牌做广告都会获得成功。一个品牌成功的关键在于：其为社会提供了独特的价值。

初创企业、小企业首先一定要有差异化价值。

现在的社会，不怕企业规模小，就怕没有差异化价值，没有创新。没有创新的企业，怎么推广品牌都是浪费资源。不是所有品牌做广告都会获得成功，一个品牌成功的关键在于：其为社会提供了什么样的独特的价值。

方法一：聚焦，缩小切口

一个品牌如果真的为社会提供了独特的差异化价值，那么要做的第一件事情就是聚焦，缩小切口。这时候，品牌可以从一个区域开始打品牌。

比如，由于预算限制，无法在全国打广告，那可以只在一个城市投放广告；可能不够在上海打广告，那么可以选择在附近的苏州投放广告；如果连苏州都打不了广告，那么就针对苏州新区投放广告；再打不了，那就考虑成为周边三公里的“品类之王”，把 一个区域先打透。

比如面对蒙牛、伊利，江苏的卫岗牛奶怎么办？它给自己进行了重新定位：“在江苏，更多人喝鲜奶都是选卫岗，连续20年江苏销量遥遥领先。”卫岗牛奶标记出了自己的局部优势，当地的消费者也会选择它，因为它更新鲜，更贴近当地，历史更悠久，“我们是喝着它长大的”。

或者是聚焦一个细分品类，市场头部品牌太强大，可以只聚焦其中一个点。

/ 案例拆解 /

妙可蓝多

妙可蓝多准备进军奶酪棒市场的时候，竞争对手是一个法国品牌——百吉福。百吉福在中国做奶酪棒已经十年，营收规模10亿元。但是，这个法国品牌十年就没打过什么广告。百吉福并没有抓住它领先的时间窗口去固化消费者心智，所以奶酪棒市场的时间窗口依旧是开放的。

妙可蓝多当时既做牛奶产品，也有奶酪产品。妙可蓝多董事长柴琇做了一个决定：不再做牛奶产品了，因为中国不仅有蒙牛、伊利，在上海还有光明，牛奶品类的竞争时间窗口已经过去了，但是消费者对于奶酪的认知还没有形成，不如集中资源做奶酪。

因为在中国市场，奶酪棒仍然是一个新兴品类，这个市场空间潜力巨大。放弃做牛奶产品，聚焦去打奶酪棒市场，我认为妙可蓝多一定能够成功。

当时，中国的奶酪产品也碰到一个问题，就是中国人其实不怎么喜欢吃奶酪，这说明奶酪的时间窗口还没到。但是今天的85后、90后对奶酪的接受程度，要比70后好很多。奶酪对这一人群还是有一定影响力的，他们对奶酪有一定的认知，知道小朋友吃奶酪可以增强钙质，可以长更高，他们的孩子是会吃奶酪的。

妙可蓝多从做牛奶产品到聚焦奶酪，又聚焦儿童奶酪，找到了一个更好的切口切下去。而且为了口感好，妙可蓝多聚焦再制奶酪，这种产品一部分是奶酪，一部分是奶粉，这就是妙可蓝多奶酪棒，其定位是儿童健康零食。小朋友吃薯片爸妈不让，吃糖爸妈也不让，那小朋友吃什么零食爸妈会乐意呢？消费者会觉得奶酪棒是儿童健康零食，还可以补钙。

2019年，很多人都能在电梯口听到改编版的《两只老虎》，“妙可蓝多，妙可蓝多，奶酪棒，奶酪棒，高钙有营养……”小朋友也在电梯口跟着唱。最后，小朋友都要吃这个奶酪棒。

这之后，妙可蓝多奶酪棒的百度指数被唱高了，跟竞争对手相比，足足拉高了5倍，微信指数也拉高了3倍。广告从当年的2月打到6月，它在AIPL后台的销量也发生了很大的改变。到当年“6·18”的时候，妙可蓝多奶酪棒销量排在奶制品榜单第一位，“双11”的时候仍然排在第一位，其销量已经成功超过了百吉福。

妙可蓝多的市值也因此从20多亿元，涨到2020年的超过150

亿元，这就是聚焦的力量。

妙可蓝多凭借做奶酪，已经成为中国第一大奶酪公司。大家可以联想到，现在中国的奶酪市场本身在不断地扩大，而妙可蓝多已经抓住了时间窗口，成为消费者心智中先入为主的奶酪公司，用户会认为，妙可蓝多等于奶酪，奶酪就选妙可蓝多。

方法二：选择更精准的投放

客户可以在分众的数据库中根据自身情况选择商圈、楼盘档次以及楼龄等。广告主可以精准地在分众传媒的系统当中，寻找不同兴趣偏好、不同品类需求的用户，来实现千楼千面的精准投放，从而使有限预算能得到更好的效用。

如果企业的产品特别高端、价位很高，那在打品牌的时候，如果在分众投放，就可以选择上海 10 万元 / 平方米以上价位的楼宇去投放广告。可能这种楼盘只占 20%，企业只需在这 20% 的楼盘投放就可以了。如果是一家装修公司，那只要找到刚刚交楼、入住率低于 30% 的楼盘投放。而如果一款产品只在家乐福里卖，那么建议只在家乐福周边 3 公里之内的地方投放广告。

作为一个初创企业或小企业，要收缩包围圈，不要瞄准广泛人群，要在目标人群当中树立清晰的定位，瞄准一个区域的细分人群。这样的效果会更好。

企业不论大小，都可以发展起来，只要提供了差异化价值，就可以聚焦区域。当预算不够的时候，企业不要贪大、贪多，要找到一个小的聚焦切口切进去，把它打透。

延伸阅读：

营销传播的四个热点[1]

跨生态圈的互动融合——多屏

2017 年央视市场研究公司的研究显示，当今中国媒介市场已经形成央视 、BAT 、分众的三足鼎立之势。

从 2017—2018 年中国广告市场数据来看，仅有以分众为代表的生活场景媒体生态圈一直保持着两位数的增长速度，电梯电视同比增加 23.4%，电梯海报同比增加 24.9%，影院媒体同比增长 18.8%（见图 8-2）。这些数据充分地反映了这个生态圈的蓬勃发展，拉动了整个广告市场的回升。

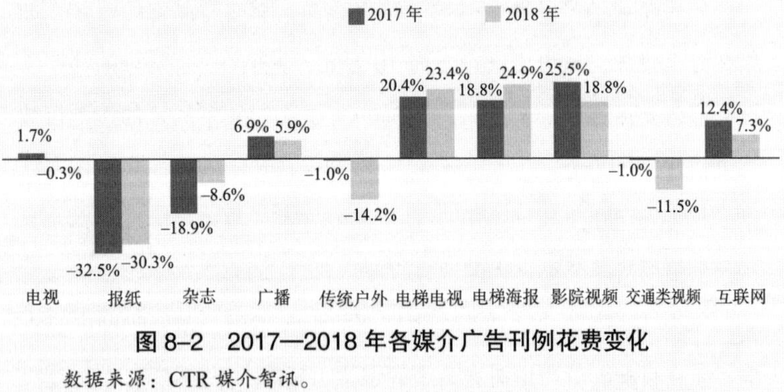

图 8-2 2017—2018 年各媒介广告刊例花费变化

数据来源：CTR 媒介智讯。

1 作者：黄升民，现为中国传媒大学资深教授、中国广告博物馆馆长、《媒介》杂志总编辑。黄升民教授为中国传媒产业和广告领域的著名专家学者，主要研究领域包括：广告学与媒介经营、媒介经营与产业化研究、新媒体产业、消费行为与生活形态研究等。

作为中国电梯媒体和影院媒体的绝对领导者，分众已经成为全球最大的电梯和影院媒体集团，目前覆盖230个城市、250万个终端，每天有3亿城市主流人群收看。随着中国经济的快速增长，分众未来五年计划覆盖500个城市、500万个终端、5亿城市新中产。

随着三大媒体圈的稳定与巩固，广告主的投放也呈现出多屏组合的新趋势。凯度（Kantar，全球最大市场研究集团之一）的多屏预算分配模型结果显示，现在品牌的跨屏最佳投放组合已经从2012年的“622”（费用投放比例为电视60%，互联网20%，电梯媒体20%）逐步演化到今天的“433”（费用投放比例为电视40%，互联网30%，电梯媒体30%）。

与此同时，我们也应该注意到多屏互动的事实。伴随着OTT TV（基于开放互联网的视频服务）产业、移动互联网O2O（线上到线下）产业的发展，屏体之间的互动会越来越多，并且突破电脑屏与手机屏互动的局限，进入更加多元和丰富的互动场景。

直面消费者的广告“回避”——精准

广告回避并不是一个新话题，营销传播的根本要义是追寻消费者的注意力。然而，如何在移动互联网时代让消费者“抬起头来”？

尼尔森《2017年中国消费者广告关注度》报告显示，手机已经成为消费者规避其他媒体广告的最主要的因素，其中公交广告的受干扰比例高达83%，候车厅广告为78%，地铁广告为69%，电视广告为49%，电梯电视广告为30%，电梯海报广告为18%，影院视频广告为11%。

从这一组数据来看，其实渠道的精准性是可以在一定程度上弥补消费者的注意力分散的。该报告同时显示：互联网广告、电视广告、电梯广告三大媒体广告占消费者一天观看广告眼球份额的 66%；消费者对影院视频广告、电梯广告（电梯海报、电梯电视）的关注度最高，甚至远超互联网媒体（见图 8–3）。

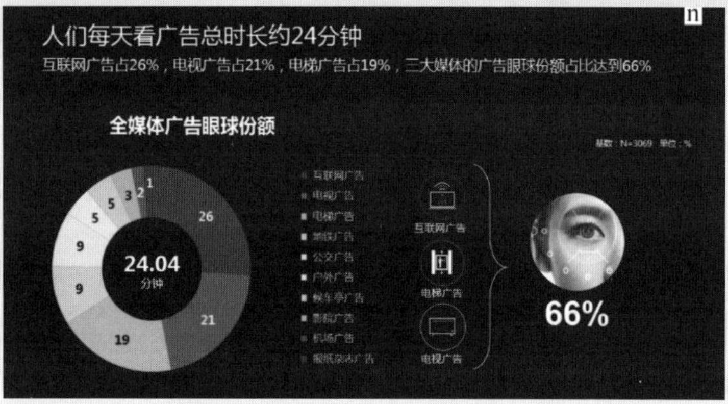

图 8–3　全媒体广告眼球份额分布情况

那使用手机进行营销能够妥善解决这个问题吗？显然不能。当下的信息过载和爆炸已经呈现出一种前所未有的状态，移动互联网的去中心趋势愈加明显。在一天内，人们的时间被不同的 App 切割成碎片，再也没有一个中心化结构的渠道可以占据用户的所有时间。

在这种状态下，手机外的场景渠道有时候反而能够真正抓住消费者的注意力。所以，眼下的精准营销其实需要直面消费者的广告回避状态，找寻真正有效的解决之道。

完成对消费者的全新“画像”——洞察

大数据让我们对“画像”有了更深层的理解，但是传统“消费者画像”往往颗粒粗糙、流于表面，难以让调查者真正认知消费者、实现精准触达。

营销不能停留在对消费者的浅层次分析上，需找到更行之有效的消费者识别方法，在大数据和AI（人工智能）加持下打造“读心术”，分析消费者的行为特征、真实状态、精神内核，完成对消费者的立体洞察。

正如宝洁公司大中华区品牌营销和媒介部及消费者洞察部副总裁何亚彬所说的那样：“人的决定有95%是感性的，只有5%的决定是理性的，大多数品牌的销售都是消费者在短时间内做的感性决定。把握住这95%的感性，触达并打动消费者，是品牌占领消费者心智空间的最好方法。”

新的营销传播战略会更加注重以消费者为中心，以触发情感共鸣的内容为源动力；通过标签优化、算法赋能，精准匹配商品、营销物料、消费者场景需求，进行全网域信息分发，这样才能真正精准地洞察目标消费者。

轻量化、场景化和IP化取胜——内容

消费者关注的是“内容”而非广告。在移动端，广告越不像广告就越有吸引力。以前，信息流广告如果标题很有吸引力，就会带来较多的关注与点击。然而，新《广告法》出台后，所有广告都需要明确的标注，如何突围就显得非常重要。

近年，H5、小程序、短视频、问答等内容形式快速崛起，这与其轻量化、场景化的特点密不可分。这些内容形式更适合在碎片化的网络环境中分发散播。

而在具体的内容形态上，IP 正在从此前关于影视、游戏、小说、动漫等文化产业知识版权概念，泛化到如今由系统方法论构建的有生命周期的内容符号。

同时，以 IP 为核心的内容大都自带势能。热点事件稍纵即逝，创意物料千变万化，只有把握内容的内核 IP（消费者共鸣点）并以此统领营销，才能获得长效势能。而内核 IP 作为自带势能的新能量源，目前已经被营销服务机构运用在营销实操当中，并将其凝练概括为机构的营销理念或模式。

今后，将品牌 IP 化是大势所趋。而从品牌进化到 IP 并非一蹴而就，需要一定时间和过程，由浅入深、从易到难。在操作上，结合 IP 内容的不同形态特色，通过主动贴合、共同定制、自主孵化等，选择最适合的方式，与消费者实现沟通。

后记

成功客户都有哪些共同点？

经常有人问我，未来十年看好哪些行业和公司，哪些行业和公司是具有投资价值的呢？

这个问题比较难回答。就像吴晓波频道2020年9月推出的《2020消费品牌增长洞察报告》中所言，品牌如何成功“出圈”并没有通用公式，往往是产品升级和创新、市场定位、品牌集中引爆等多种因素综合作用的结果。因此，我也只能分享一下我在分众一些成功客户那里看到的一些价值点，希望能够从侧面给大家些许启发。

比如妙可蓝多快速地成长起来，洽洽市值从100亿元变成200多亿元，饿了么市值从几亿美元涨到95亿美元等，这些公司都取得了资本价值的巨大上升，这背后的相同点是中国商业逻辑。

第一，做中高端产品，迎合中国社会消费升级的企业会成功。今天，在中国市场上，一家企业或一个品牌非常重要的策略就是守住消费市场风向标人群。他们的年龄在23~45岁，月收入在5000元以上。这些人拥有较强的消费能力，是消费风向标人群。他们定义品牌和潮流，是品牌的定义者和传播者，是意见领袖和口碑冠军。一个品牌如果能让自身的品牌力在中高端市场占据有利地位，就可形成较大溢价能力获得较大毛利空间。

第二，相信品牌曲线，坚持品牌曲线的企业会迅速成长。

就像飞鹤奶粉，其市值从2019年上市时的600多亿元涨到了2020年12月的超1600亿元；波司登市值从44亿港元回升到2019年10月的超400亿港元，也只花了两年时间。实现如此快速的成长，最主要的原因正是它们走了品牌曲线。如果它们走的都是流量曲线、促销曲线，虽然可能开始起来得快，但到后面只会越来越弱。

所以归根结底，还是要看一家公司是坚持走品牌曲线，还是走流量促销曲线。也就是说，要看它有没有走对路子。

第三，会利用媒体的红利。比如很多企业当年吃到了电视台的红利，以及电视节目中一些栏目的红利。今天，品牌引爆可能就是线下吃到了分众的红利，线上吃到了“双微一抖”的红利，关键都在于选对核心传播媒介。

能够善用这些红利的企业、善用品牌和核心阵地的企业，就会成功。

分众的使命就是成为中国企业坚定地走产品创新和品牌打造之路的助推者。只有进行产品创新才能抵御同质化竞争，只有进行品牌打造才有护城河、才有溢价，品牌才是最大的流量池。分众的使命就是全力以赴，助推更多的企业持续高成长，达到百亿、千亿市值。

附录一

2020 消费品牌增长洞察报告[1]

这个时代建立一个品牌比以往任何时候都容易，但也比以往任何时候都难让消费者记住你的品牌。

之所以说容易，是因为消费者对品牌的态度更加包容。国货兴起、消费升级、社交媒体繁荣……这些都是时代给予品牌商的全新机遇。

但难也难在这些机遇里 。层出不穷、花样百出的品牌正在“惯坏”消费者。他们开始变得挑剔、追求极致的性价比、更好的服务、更有个性的设计，甚至要让品牌为自己“代言”。更为残酷的是，商家一旦无法满足需求，消费者随时另觅他家。

新品牌层出不穷，老品牌虽危机重重，但品牌价值不减 。尤其 2020 年疫情期间，品牌的价值反而被放大。在相对封闭的环境里，消费者的品牌意识觉醒：想喝“喜茶”，吃“海底捞”火锅，去长隆

1　作者：吴晓波频道

乐园……在纷杂的商业世界里，品牌力强的企业生存概率更高。

到底什么样的品牌能被消费者记住，并且赢得消费者喜爱？我们关注到了以下三类品牌：第一类，疫情中“逆袭”的黑马品牌；第二类，“快速崛起”的新品牌；第三类，“走向年轻化”的老品牌。

那么，这三类品牌都做对了什么？成功崛起的品牌背后，有哪些共同的“成功基因”？品牌商可以从中汲取什么经验？希望这份报告能给你带去一些思考，让你找到你想要的答案。

第一部分　这三类品牌的成功不是偶然

逆势增长的黑马品牌

在新冠肺炎疫情期间，线下实体零售店普遍受到了冲击，但仍有一些品牌实现了逆势增长。

每年3—4月原本是传统春茶的销售旺季，但受疫情影响，2020年竹叶青的线下销售遭遇严重冲击，2月10日复工前的线下销售几乎为零。

在关闭90%的门店的情况下，竹叶青在线上举办春茶预售活动，快速由线下销售转战线上。预售额同比增长89%，在春茶上市当天销量较上年同比增长74.3%，远超预期。

竹叶青逆势增长的数据背后，离不开线上电商和直播、线下广告投放的助力，这进一步验证了“品牌是危机最好的护城河，企业的免疫力就是品牌力”。

快速崛起的新品牌

近几年，国内不少新品牌来势汹汹，崛起速度之快令很多老品牌坐立难安。

妙可蓝多 2016 年成立，2019 年超越安佳、百吉福等海外百年品牌，其奶酪品类在 2019 年的“6·18”“双 11”电商购物节中取得天猫、京东同类目销量“双冠王”。

小鹏汽车 2014 年成立，2017 年成为中国互联网造车新势力中首家产品取得国家工信部产品公告并率先实现量产的互联网汽车公司。2020 年一季度，小鹏汽车交付量成为 A 级纯电动领域的国内车企第一名，目前已完成 C+ 轮近 5 亿美元的融资。

元气森林 2016 年成立，以“0 糖 0 卡 0 脂”创造无糖饮料新品类，打造了“燃茶”“苏打气泡水”等爆品。2020 年 5 月，元气森林单月销售额突破 2.6 亿元，超过 2018 年全年销售额。

新兴品牌的出现不足为奇，但品牌商应该深入思考的是，为什么这些品牌能够快速崛起，并且广为人知?

从营销方式看，新品牌能够及时抓住内容营销和电商红利，依托社交媒体、KOL 带货等流量新玩法，快速吸引消费者注意；从品牌调性看，近几年众多新品牌尤其擅长讲述“品牌故事”。当然，新品牌快速崛起的原因还远不止于此，但不论它们因为什么而火爆，未来老品牌随时都有可能被新品牌颠覆。

走向年轻化的老品牌

国货浪潮下，汉服、老干妈等被本土文化认同的产品越来越受到消费者青睐，传统的国产品牌又火了一把。虽然不乏一些老品牌倒在了时代的岔路口，但那些活下来的，早已成为经典。现在，更多的老品牌与时俱进，向年轻化转型，进入“品牌逆龄期”。

2016 年，“54 岁”的飞鹤奶粉将品牌重新定位为“更适合中国宝宝体质”。2019 年，飞鹤登顶中国奶粉第一品牌，营收达 137 亿元，较 2018 年同比增长 32%。

2018 年，“42 岁”的波司登将品牌定位为“全球热销的羽绒服专家”，并以“国潮风”的潮流设计迅速出圈，从国潮走向“畅销全球 72 国”，文化认同无形中加强了品牌竞争力，当年营收突破 100 亿元。

2019 年，“18 岁”的洽洽从瓜子领导品牌进军坚果领域，当年前三季度净利增长达 32.27%。

同年，“15 岁”的良品铺子开创“高端零食领导者”的地位，2019 年利润增长 42%，当前市值突破 300 亿元。

很多老品牌通过重新定位，再次抓住了年轻消费者，重新焕发生机，迎来第二个增长周期。

第二部分　拆解品牌增长背后的共性基因

品牌逆袭靠的是什么？

每个人对“成功品牌”的定义不尽相同，但从以上三类品牌中，我们发现了一些共同之处。

这些共同之处，我们可以通过品牌战略杠杆模型来理解（见图 1）。

该模型由以下几个要素组成：

第一，支点，品牌是最基本的要素，是整个模型的支撑点；

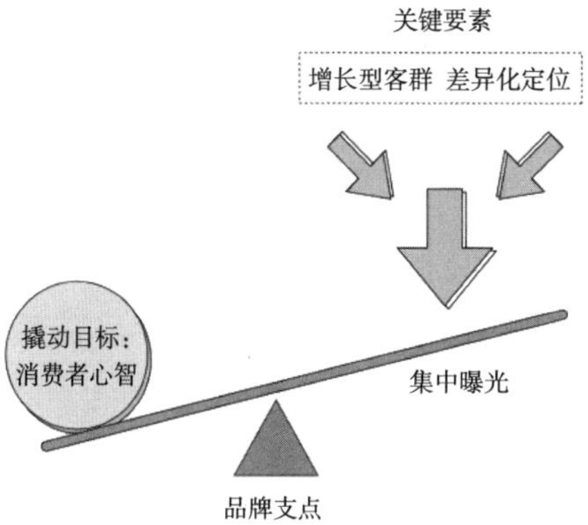

图 1　品牌战略杠杆模型

第二，撬动目标，位于杠杆左侧，是终极目标，撬动消费者心智，让消费者记住品牌并为其付费；

第三，关键作用力，位于杠杆右侧，是杠杆最为有效的作用力，可以使品牌集中曝光；

第四，重要要素，包括增长型客群、差异化定位，是引爆品牌必不可少的先决条件。

谁是增长型客群？

从服务人群看，我们在小仙炖、竹叶青和良品铺子的案例里找到了共性：服务于增长型客群。那么，什么样的客群可以被定义为增长型客群？

增长型客群往往具备 3 个核心特征：

第一，在数量方面，人群基数可观，并且未来仍然呈增长趋势；

第二，在购买力方面，人群收入水平及消费水平较高（购买频次高或商品单价高）；

第三，在消费观方面，对价格不过于敏感，追求生活品质，或出于兴趣爱好或精神享受而消费。

需要注意的是，品牌商所处的行业和消费场景不同，目标人群也不同。我们这里所讨论的增长型客群，是这三类品牌所定位的人群所拥有的共性特点。

通过观察，我们发现新中产是典型的增长型客群：截至目前，新中产人群总量在2.5亿~2.8亿。这首先意味着，每10个中国人，就有1~2个是新中产，人群基数可观。其次，根据麦肯锡的调查，如今已有一半的中国家庭跻身较富裕家庭行列，可支配年收入达到14万~30万元人民币，购买力较强。收入的增长让新中产人群更愿意选择优质的产品，而不是优先关注价格，即价格脱敏。

/ 案例拆解 /

竹叶青——服务新中产人群

茶行业多年来市场高度分散。品牌“破局”成为竞争突围最有效的途径。近几年，消费者对高端茶的需求稳步上升。2018年，京东平台单价5000元以上的高端茶叶销量比前年同期增长147%。

定位于“高端茶叶”的竹叶青，主要服务人群是以80后、90后为代表的新中产。2019年，竹叶青在分众传媒进行了广告投放，投放期间销量增长35%，其中高端产品“论道”系列增长达64%。通过大规模的曝光，竹叶青普及了绿茶的健康价值，提升了新中产对茶叶的认知。

另外，Z世代消费群体逐渐崛起，也属于增长型客群。

Z世代是指1995—2009年出生的一批人（即95后和00后），他们的消费具有三个特点。

第一，强互联网属性。根据CBNData数据统计，中国当前Z世代人口总数约为1.49亿，其中约有64%的人每天使用电商平台。

第二，消费能力较强。从消费金额上看，Kantar数据显示，2018年Z世代每月可支配收入高达3501元，远高于全国居民人均可支配收入2352元。从消费增速上看，Z世代的同比增速远高于其他年龄段人群，未来将成为中国互联网消费的中坚力量。

第三，更愿意为兴趣买单。AdMaster数据显示，动画、漫画、游戏已成为中国Z世代年轻人最普遍的兴趣爱好。

Z世代往往更热衷于消费与此相关的衍生品，以及潮鞋、盲盒这类新事物。根据《Z世代圈层消费大报告》数据，电竞爱好者超六成是Z世代，他们也贡献了二次元Cosplay品类近四成的销售额。

差异化定位

飞鹤奶粉的“更适合中国宝宝体质”，让中国妈妈重燃对国产奶粉的信心。2019年，飞鹤营收突破150亿元。小仙炖燕窝主打“鲜炖燕窝”概念，以此掀起了食用鲜炖燕窝的热潮。而以上的“更适合中国宝宝体质”和“鲜炖燕窝”，就是品牌商对品牌进行的差异化定位。

简单来说，差异化定位就是用一个最独特的卖点，来突出品牌的“与众不同”。

在市场竞争里，差异化定位是品牌商最稳固的护城河。成功的品牌尤其擅长将差异化定位打造成一个“锚”，这个“锚”深入消费者的大脑心智，以此和其他竞争者相区隔。

当然，差异化定位只是品牌在市场上崭露头角的敲门砖，接下来品牌商还需要为消费者提供独特的价值，这个价值可能是产品功能、服务体验，甚至是商业模式等，借此形成品牌竞争力。

/ 案例拆解 /

小仙炖——创造差异化服务

燕窝品牌小仙炖在轻奢滋补品市场占得一席之地。C2M 模式、周期服务和品牌高曝光是其独特的差异化要素，这些要素使得小仙炖销售额从 2018 年的 2 亿元大幅增长到 2019 年的 8 亿元，2020 年“6·18”期间其销售额突破 2.45 亿元，同比增长 463%，力压汤臣倍健和 Swiss（一家澳大利亚保健品品牌）等大牌。

下面，我们分别看一下这三个要素。

第一，C2M 模式，即用户驱动生产。用户线上下单，工厂接单后当天鲜炖并冷鲜配送。本质上，C2M 模式是按需定制燕窝的生产逻辑，从源头解决消费者和厂家“供需”信息不对称问题，既能保证产品新鲜度，又可以减少库存风险。这一模式使得小仙炖充分满足客户对“新鲜”的品质要求，快速形成规模经济。

第二，周期服务管理。在服务差异化上，小仙炖开创“燕窝周期服务模式”，支持个性化定制配送周期（月卡、季卡、年卡），并同步CRM系统，自助修改地址和送货时间。小仙炖的复购率始终保持在50%以上，其中20%的周期客户贡献了约70%的收入。

第三，品牌高曝光，线上直播种草，线下分众引爆。在线上，小仙炖与薇娅、张大奕合作，在直播场景中呈现燕窝的拉丝、Q弹质感，一场15分钟的直播带来的销售额曾达到560万元。同时在明星的带动下，小仙炖在小红书上的种草次数超200万人次。在线下，小仙炖与分众合作，2019年在北京、上海、杭州三地运用分众电梯媒体引爆城市高消费人群。以北京为例，在“38女王节”当天，北京的分众电梯屏幕里出现“红色礼盒”，礼盒内真品上阵，品牌被迅速引爆，活动当日燕窝销量同比增长465%。

其实，差异化的本质仍然是满足消费者之前未被满足的需求。小仙炖的差异化服务解决了顾客“不知如何炖、没有时间炖”的痛点。品牌商可以把消费者痛点作为切入点，寻找差异化要素，并将其做到极致。

品牌“集中化引爆”

在找到增长型客群和差异化定位后，品牌需要集中引爆。简单来说，集中引爆就是通过某个强有力的传播媒介，以深入人心的广告语，让品牌在短时间内被消费者所感知。

比如瓜子二手车的“没有中间商赚差价”、铂爵旅拍的“想去哪儿拍就去哪儿拍”、飞鹤奶粉的“更适合中国宝宝体质”等成为脍炙人口的广告语，集中且频繁地出现在电视、电梯以及App平台上，最终让消费者形成对品牌的“条件反射”。

广告语展现品牌的差异化定位，那么作为撬动杠杆必不可少的作用力，品牌集中化引爆需要强有力的传播媒介。以分众传媒为代表的消费者必经的生活场景媒体，极大地帮助品牌积累品牌势能，具体包括以下三个方面。

第一，攻击媒介：电梯媒体。

首先，从传播人群来看，办公楼和社区的电梯已经成为城市消费人群每天必经的生活场景，品牌传播有机会触达数量可观的人群。其次，从传播环境看，电梯内空间封闭、手机信号弱，这使得电梯广告天然具备高曝光、强制性的特点。

在这样的环境下，电梯广告更有可能在短时间内对消费者的心智进行饱和攻击。益普索发布的《2019年中国国内流行广告语受众调研报告》显示，根据被访者对过去一年不同类型流行广告语的回忆，前十大广告语的主要记忆渠道来源于电梯媒体，占比高达81%。

/ 案例拆解 /

飞鹤奶粉

2008年三聚氰胺事件发生后，虽然飞鹤乳业独善其身，但消费者对国产奶粉品牌仍然心有余悸。直到2016年10月，国家食品药品监督管理总局发布《婴幼儿配方乳粉产品配方注册管理办法》，促使杂牌、贴牌奶粉加速退出，品牌集中度进一步提升，竞争状态才明显改善。

2016年，飞鹤抓住了消费者认知的黄金时间窗口，将品牌重新定位为“更适合中国宝宝体质”，与外资奶粉形成明显区隔。同时，在品牌投入上，飞鹤于2017年与分众传媒进行战略合作，通过电梯媒体对品牌进行集中化引爆。投放期间，飞鹤的百度指数增长了一倍以上。

基于此，近年来飞鹤业绩持续增长。2017—2019 年，飞鹤的营收分别达到 59 亿元、104 亿元和 137 亿元，在婴幼儿奶粉市场的龙头地位持续巩固。2019 年 11 月 13 日，飞鹤正式在港交所挂牌交易，以发行价计算的市值超过 670 亿港元，成为港交所历史上首发市值最大的乳品企业，2020 年 6 月市值一度突破 1300 亿元人民币。

第二，攻击时机：抓住时间窗口。

对品牌商来说，需要选择恰当时机、以最快速度抢占消费者心智，这个时机就是时间窗口。

例如，2015 年 5 月初，饿了么以一句“饿了别叫妈，叫饿了么”的经典广告语进军外卖市场，在分众进行了两轮大规模投放。投放期间，饿了么广告在全国 25 个城市的电梯间霸屏，每天播放超过 960 次。截至当年 7 月底，分众传媒官网显示，广告投放期间，饿了么交易额超越美团外卖和百度外卖，成为行业第一，将“产品优势”转化为“品牌认知”优势。

同样，妙可蓝多也抓住了空窗期，在集中投放前，中国奶酪品类里没有一个品牌占据消费者心智。2019 年 2 月起，妙可蓝多在全国包括北上广深等一线城市在内，在城市主流人群的核心生活轨迹写字楼、公寓楼、卖场等地都投放了分众媒体广告，通过一首儿歌成功引爆，迅速成为家喻户晓的品牌。

第三，攻击精准性：聚焦都市白领。

在消费升级的背景下，很多品牌商的目标客户群都集中于都市白领，这也是电梯媒体的主流受众。华通明略数据显示，写字楼视频媒体的触达人群中，有68%的受众家庭月收入在1万元以上。

城区中高档商住楼里集中了这个城市的主力消费人群。他们多为企业高管或白领精英，不仅自身具有较强的购买力，也有着更广泛的人际影响力和主流风向标作用。

中国城市居民调查（CNRS）显示，2019年在全国60个城市中，分众电梯电视和电梯海报组合周到达率对月收入5000元以上人群达到80%。基于此，一些面向中高端消费升级需求的品牌开始选择以电梯为主要传播渠道。

/ 案例拆解 /

元气森林——以低热量饮品挖掘新蓝海

元气森林以都市人群所追求的健康饮食理念为核心，推出0糖0卡0脂果味气泡水，满足办公白领对低热量、高颜值饮品的需求。“晚点 Late Post”披露，元气森林在2019年的估值达5.8亿美元，约合人民币40亿元。

第三部分　给品牌商带来的启示

专注价值竞争，避免价格竞争

消费者主权时代，需要品牌商重新回归为消费者创造价值的本质。

品牌商和消费者之间，不再是简单的买卖关系，而更像是一种粉丝关系。消费者是否购买，不仅取决于商品本身，还取决于商品之外的“价值感”，即具有差异化的价值主张。

这就意味着，品牌的价值主张要能够在一定程度上代表消费者的生活追求和个人审美追求，让消费者具备某种“身份”或“个性”的标签，产生情感共鸣，甚至在某种程度上，对消费者而言，该品牌代表了自己。

/ 案例拆解 /

良品铺子——赋予零食“高端时尚感”

消费升级本质上并不是价格升级，而是赋予消费者精神上的意义和满足感。

2018 年，良品铺子举办了首个零食主题深海时尚秀，建立“时尚＋零食”的品牌形象，给予消费者更高级的享受和生活体验。与此同时，良品铺子也选择了聚焦分众投放电梯广告。2019 年底，良品铺子在一二线城市高端零食第一提及率达到了 53%。2020 年 2 月 24 日，良品铺子登陆 A 股市场，上市当天总市值达 68.7 亿元，截至 7 月市值已突破 300 亿元。

品牌商行动要“快、准、狠”

快在把握先机，准在精准定位，狠在饱和攻击。

• 快：比如喜之郎开创了果冻品类，加多宝将凉茶功效等同于“去火”，它们都快速以某个品类或者差异化的产品特性成功占据消费者心智。

• 准：洽洽在分众上投放每日坚果广告“买坚果，保鲜最重要”，反复向消费者传达“新鲜”的产品定位，广告投放后销售量在短短一两月内即迎来暴涨。2019年，洽洽食品的净利润同比增长近四成，达39.44%。

• 狠：饱和攻击尤其需要选择合适的、具有爆发力的传播媒介。例如，在饿了么以外卖为差异化定位的过程中，经过在分众电梯媒体进行两轮各四周的大规模投放，2015年7月底，在对手美团市值实力高十倍的情况下，饿了么月活跃用户数位列第一。

品牌价值尽显，实现“量价齐涨”

如今，品牌马太效应尽显，强者愈强、弱者愈弱，呈现明显的两极分化趋势：一些品牌能够在激烈的竞争中逆势增长，展现出十足的爆发力；相对地，另一些企业的品牌被人遗忘，甚至萎靡不振。

对品牌商而言，市场环境更加复杂，品牌生命周期变得更加莫测。一个品牌可能在一夜之间爆火，也可能在一月之后就被遗忘。其中，品牌爆发一般会经历三个阶段。

初期：找准时间窗口，通过找准增长型客群和差异化定位，缩短品牌成长的时间差。

成长期：集中各类媒体资源引爆品牌，撬动品牌杠杆模型，提拉品牌势能。

成熟期：通过重新定位，挖掘新的市场机会、重塑品牌形象，为成熟品牌注入新的“灵魂”。

最后，品牌要价值回归，为品牌商带来正向的经营结果。

以往“价升量减”被视作一种必然的商业规律，但如今，以增长型客群为依托，很多品牌商提价后，其市占率、营收和利润数据表现反而更佳，实现“量价齐涨”的双赢。以运动品牌为例，近几年，低价位品牌的市占率逐年走低，向高端化转型、高价品牌的市占率增长趋势明显。

/ 案例拆解 /

波司登——量价齐涨

近两年，波司登与国际知名设计师合作，推出系列高端新品，同时在央视、分众传媒投放了巨量广告。2018 年，波司登 1800 元以上产品占比大幅提升至 25% 左右，2019 年价格已上涨 20%~30%，提价势头强劲（见表 1）。

表 1　波司登产品涨价情况

年份	涨价情况
2017 年	推出“极寒系列”，定价 1899 元涨价试水，售罄率 90%
2018 年	主品牌的产品价位段从 1000 元以下提升至 1300~1500 元；1800 元以上的产品占比由 4%~5% 提升至 25% 左右
2019 年	羽绒服售价平均提高 20%~30%，推出登峰高端系列，定价 5800~11800 元
未来涨价计划	主力产品价格定位 1500~2000 元，制定“十年规划”战略，前 3 年预计高端产品将提价 30%

波司登的提价效果直接体现在了它的财务数据上。以 2018 年产品提价为时间节点，当年税后利润增速达 73.3%，营收增速达 30.3%，“量价齐升”效果显著。截至 2020 年 7 月，波司登市值达到 239 亿多港元。

结语

尽管市场竞争愈演愈烈，但中国市场仍然商机无限。2011—2017年，全球家庭消费增长的31%都来自中国。品牌如何成功“出圈”并没有通用公式，往往是产品升级和创新、市场定位、品牌集中引爆等多种因素综合作用的结果。虽然在这份报告里，我们尝试总结出了一些品牌的“成功之道”，但不提倡一成不变的方法论和成功学。

究其根本，品牌制胜的底层逻辑仍然是谁能更好地满足消费者未被满足的需求。但品牌商们仍要注意，消费不仅在升级，也在分级。千人千面的消费者连接的是百花齐放的品牌，未来品牌商们仍然需要向精细化深耕，制胜未来。

附录二

大竞争时代，创业成功的战略要点[1]

当今世界，存在着这样一对截然相反却共存的矛盾体：一方面，科技在高速发展，各行各业借助互联网、大数据、人工智能等工具，效率提升得非常快；另一方面，全球经济增长持续乏力，一直在L形的底部徘徊。如何解释这种矛盾呢？我们都知道，企业一定要通过科技进步提升效率，但是科技进步和创新层出不穷，却很难提升乏力的经济。这是一个非常矛盾的现象。

在我们看来，导致这个矛盾现象的是一个竞争的幽灵，在我们的上空徘徊。竞争无处不在，你完全可以把它看作一个瓶子里放出的恶魔，任何地方只要有一点点利润的价值信号释放出来，顿时就会吸引全球的资本蜂拥而至。任何一个企业，只要有创新的模式出来，马上就有无数的跟风者，迅速对冲掉创新与效率的提升，使这个行业迅速进入一种过度竞争的状态，没有人能赚到钱。对于这种

1　作者：邓德隆

无处不在、无远弗届的竞争，人类好像制止不了，全无办法！可它又恰恰是市场经济的本质，经济学家告诉我们，市场经济的本质就是要释放竞争。

那么在这种条件下，创业者该怎么做？真正的解决之道在哪里？

1969年，二战结束二十多年后，杰克·特劳特看到竞争开始增强，即在瓶子刚刚释放出恶魔的时候，就洞见到了未来的竞争将会非常惨烈，因此提出了定位理论。通过“战略定位”这双看得见的手（钱德勒），来应对市场竞争这双看不见的手。

那么定位理论是怎样对付竞争这一幽灵的呢？

它需要我们在思维上实现彻底的转向。传统上我们都是由内而外配置资源，因为一开始经济是稀缺经济，只要你能制造好东西，自然不愁销路。随着竞争的加剧，我们开始为已有的产品去寻找销路、做推广。总之，我们一直以来都习惯于以由内而外的方式配置资源。但今天，我们必须将配置资源的方式彻底逆转为由外而内，从外部顾客心智出发来配置资源。

现在这个时代，我们把它叫作大竞争时代。竞争爆炸式增长，消费者的任何需求都在被千千万万的竞争者满足。在这个大竞争时代，任何一个创业者和企业家，首先要考虑自己在顾客头脑里的位置在哪里。这个位置是针对竞争确立的优势位置，也就是我们所说的“定位”。这是一个企业存在的根本理由，也是唯一的理由。只有找到这个位置，我们所有的资源围绕着这个位置去配置，才是有效的。如果你是一个已经有一定规模的企业，最重要的工作就是探寻你在顾客心智当中，这么多年积累下来，占据了哪一个位置。这个位置决定了企业未来发展的一切资源配置，决定了企业未来发展的一切方向，包括创新的方向。如果没有理清这个问题，企业后续的发展恐怕很有可能会偏离定位，甚至破坏自己的定位。

“定位”这个词现在满天飞，产品定位、价格定位、渠道定位，这些都不是战略层面上的定位。真正的战略上的定位，就是在顾客头脑里，针对竞争确立起一个优势位置。当有了这个优势位置，企业必须投入所有资源，攻向直至垄断这个位置。所以，每个企业都有一个基本的战略任务，就是要去攻占这个“上甘岭”。你要去把它攻下来，甚至要达到垄断，只有垄断了这个位置你才能进入无人区，才能掌握定价权。没有定价权的企业，在一个竞争幽灵无处不在的世界里是不可能持续生存的，哪怕利润非常丰厚。可以肯定地说，利润越丰厚，竞争对手就越像鲨鱼闻到血腥味一样围剿过来。

这种情况下，企业能够生存下去最可靠的保障，就是顾客头脑里面的屏障。你躲在这个屏障后面，针对竞争夺取了一个优势位置，当群狼杀过来的时候，顾客的头脑会给你非常好的保护。顾客的头脑有一个基本规律，就是垄断性。一旦你在顾客头脑里面与某个词画等号，比如说东阿阿胶等于阿胶，百度等于搜索的时候，心智就把“产权”交给你了。任何其他企业想在这个位置发起冲击，顾客会对它投入的所有资源视而不见、充耳不闻。比如，无论其他豪华车怎么宣传自己的安全性，顾客还是认为沃尔沃才是“最安全”的。

这是定位给企业带来防御保护的一个很大原因。更重要的是，针对竞争占据一个优势位置之后，企业还将获得一种全新的生产要素，我们把它叫作心智资源。这种资源可以用一个词来描述——代名词。心智资源是企业的第一资源，其他资源都因为心智资源的存在而存在，如果失去了心智资源，企业的其他资源都会被竞争吃掉。

有了定位以后，企业所有的资源都围绕它去展开配置。虽然企业拥有的资源并没有变化，但是一旦围绕定位配置之后，资源的运用效率会达到最高，而且环环相扣、互相加强，不断推进定位，做强、做大定位。这为企业获取了第二重竞争力。

总结一下，定位的定义就是针对竞争确立优势位置，然后把企业所有的资源围绕这个定位来配置，从而使得企业的资源配置到一种极具生产力的结构中。

确立定位

创业的第一步，当然是确定定位。我们可以先开创一个新品类，开创新品类有三个要点。

第一点，瞄准更大的市场。

开创新品类要针对更大的竞争，在更广阔的大市场进行，而不是局限在一个小品类里面。比如说瓜子二手车直卖网，它的定位是最大的针对线下二手车商、车贩组成的二手车交易市场。

在互联网二手车交易这个品类里，有 C2C、C2B、B2C、B2B 等很多并列的模式，而瓜子是做 C2C 模式的，如果把某个模式列为竞争对手的话，这个品类就太小了。实际上，瓜子的整个战略架构是针对传统黄牛、4S 店，为用户创造“没有中间商赚差价”的价值，把直卖方式做成一个全新模式，这样整个市场空间才是巨大的。

第二点，为品类定位，明确开创的方向。

开创新品类，应该为品类定位。瓜子二手车将 C2C 模式定位为“直卖”，相较线下所有的二手车交易，直卖最大的优势是个人直接卖给个人，没有中间商赚差价。有了这个品类定位之后，瓜子就要围绕“直卖”这一方向去定义和开创顾客。

第三点，成为品类的代表。

只有成为某个品类的代表、领导者，你才有权利代言开创品类，否则就是为更大的竞争对手做嫁衣。你如果在一个没有代表品牌的行业中率先发力，那必须调动资源，确保有足够的军事储备，能拿下这个品类。在成为一个品类的代表之后，最关键的是要把品类做大，不要把自己做小。

东阿阿胶也是这样。它最开始是一个补血的药品，要做大阿胶这个品类，就得瞄准一个更大的市场，那就是滋补养生市场。东阿阿胶针对众多的滋补养生品为阿胶这个品类进行了重新定位：滋补上品。《神农本草经》中就有将阿胶列为与人参、鹿茸同样的滋补上品的记载。“滋补三大宝，人参、鹿茸与阿胶”，正是这个定位把阿胶从“补血”市场带入滋补养生这个更大的市场中，东阿阿胶也得以围绕“滋补上品”去开创顾客。

加多宝也是这样的。加多宝虽生产凉茶，但并没有在凉茶这个品类里给自己找定位，而是针对各种各样的饮料（可乐、红茶、绿茶），为凉茶品类重新定位——预防上火的饮料，把凉茶从药饮市场带入了饮料的大市场。

大家可以对照这三条原则，检视一下自己的创业定位，看看有没有这些问题。

围绕定位高速开创

高速快跑，是甩开和防御竞争的最好方式。明确了定位之后，企业所有的资源就都围绕定位配置，以定位为方向去开创品类。比如瓜子二手车直卖网就必须围绕“直卖”这个定位去开创，不是直卖的业务（如 B2C）就应该放弃。事实上，一开始瓜子还有其他业务模式，并不全部是 C2C 模式。而且其他模式，比如 C2B 模式，因为是原来就有的方式，市场较大，自然增长也很快。而瓜子的定位，恰恰要求只做C2C模式。这是一个全新的模式，很多东西有待摸索，快不起来。很多创业者这时就感觉两难了，C2B 业务模式好像更快，为什么不能一起发力呢?

这个时候创业者要怎么决策?决策的原则是回到定位的定义上来，针对竞争建立优势位置。创业者一定要明白，企业唯一的成果是你占领的这个位置，并针对竞争建立起优势位置。如果这个位置没有拿到，企业其他的成果，如用户数、营收、利润都是虚假的、短暂的，迟早会被别人收割。

只有想明白了这个问题，做取舍才不会那么纠结。所以瓜子的杨浩涌能够把不是C2C的业务果断退下，是极不容易的，需要胆识、气魄。

我经常提醒企业家，增长有三种：肌肉型增长、肥肉型增长和肿瘤型增长。创业者一定要识别出这三种增长，不要以为所有的增长都是好的。用户、销售增长快，当然是好事，但是要看清楚用户有三类：一类是冲着定位来的，这类用户是真正的战略性用户，这类用户的增长叫作肌肉型增长；一类用户是偏离定位的，这类用户及其带来的生意的增长，就是肥肉型增长，这类增长太多反而会拖住你，让你负重前行，你的运营、资源并不是为这部分用户设计的；还有一类用户最可怕，他们是在破坏定位，这种增长就是肿瘤型增长，会让你失去存在的理由。所以，不要看到增长就盲目乐观。

追求增长，还是得回到正确的定位上来。只有针对竞争确立的优势位置，围绕这个位置开发的成长才是企业真正需要的成长。瓜子二手车的成功绝非偶然，它能够在两种业务摆在面前，一种还看不到前景，另一种体量很大、增长也很快时，做出正确的选择。企业真正需要的是围绕定位的肌肉型增长。懂得用这种战略原则去选择，对创业很关键。

应对竞争，主导行业

创业者做任何一种创新，都会马上有同类竞争者跟进，甚至会有更大的企业、更大的资源进入。这时，创业者要根据不同的性质来界定竞争。界定好竞争的性质，才能正确地应对。竞争通常可以分为两类。

第一类，对自己无威胁的竞争。这类竞争者是我们的朋友，我们应该容纳这类竞争。既然我们开创了一个新品类，就应该吸引同类竞争者，共同做大品类。比如瓜子二手车直卖网，就有完全同类的竞争者——人人车等友商。很长一段时间，瓜子二手车都是完全不理会人人车这一类竞争对手的，任由它们发展。因为人人车也倡导同样的价值、同样的标准，在不断地教育消费者：你要上网交易，就上没有中间商的二手车网站，这里没有黄牛赚差价。

对于无威胁的竞争，企业要利用自己的主动权引导好。瓜子二手车对人人车的跟进，就是这种性质的。

东阿阿胶也是这样的，有很多阿胶品类的竞争对手，要封杀竞争对手是非常容易的。东阿阿胶原来会严重边缘化，恰恰是因为对竞争封锁得太成功。东阿阿胶的市场份额一度高达近80%，对竞争已经封杀到了极致，对这个市场进行了绝对垄断。但是这种成功，客观上导致了一个后果，就是整个品类很小，完全被边缘化了，价值也不高。所以对于东阿阿胶来说，首要的战略问题一定是从边缘回到主流，回到它应有的价值，欢迎越来越多的人一起做，这样才能把这个行业推到主流。多年来，因为东阿阿胶把价格拉高以后空间很大，很多跟随做阿胶的企业活得非常滋润。但在抢夺终端驴皮资源方面，竞争对手给东阿阿胶造成了很大困扰，所以渠道、网络中有相当多的声音，包括分析师，都希望东阿阿胶能够封杀竞争。但是东阿阿胶一直没有这样做，原因是这是由战略性质决定的，即一定要把边缘的品类引导回主流，所以这类竞争者是朋友，在相当长的时间里都要容纳它，跟它一起走，把品类带到更高。

第二类，威胁自己的强势竞争。如果竞争增长非常快，威胁到我们的地位，那就必须及时封杀，以确保我们的领先地位。无论什么时候，我们都必须确保自己能够代言这个品类，确保自己是这个品类的领导者。

例如，瓜子二手车上线一年以后，友商的速度也跟上来了。一方面，作为直卖模式的代表，瓜子最大的任务仍然是要让更多的人到线上用直卖方式来交易；另一方面，也要识别竞争性质的改变，所以瓜子的战略也从原来的容纳竞争转变为控制竞争。目的就是要告诉用户一个非常严肃的事实“我们已处于绝对的领导地位”，以此封杀竞争。瓜子把这两个战略任务统筹在一套组合拳里面：一方面，瓜子二手车仍然尽品类领导者的责任，去开发更多的人群上网用直卖模式交易，因为直卖模式能够让买家少花钱、卖家多卖钱，这种理念仍然要不断地普及教育；另一方面，瓜子以其领导地位及时封杀竞争，并取得了成功。

不幸落后，重新定位对手

最后一种情况大家不太愿意看到，但这一类情况最多。如果在竞争中不幸落后，该怎么办？重新定位竞争对手，反超竞争对手。

比如当年的方太对西门子。现在大家看到方太非常厉害，而五六年前，形势却不是这样，高端厨电是西门子在把持，方太要做的就是在顾客的心智中重新定位西门子。

方太是浙江慈溪的一个小企业，而西门子是世界500强，还是德国企业，大家非常认同德国的生产工艺，在顾客心智中一直都代表高端。不过，在实际的市场层面，方太的油烟机销量比西门子要大，所以方太可以利用这一点，在消费者心智中对西门子重新定位。

“中国卖得更好的高端油烟机，不是洋品牌，而是方太，因为方太更专业。”这样就把西门子重新定位，并且利用了顾客心智中已有的认知：方太是中国企业，更懂中国厨房。大家都知道，外国人做饭很少用油，也很少炒菜，所以没什么油烟，西门子搞不定中国厨房里的那么多油烟。这一点在顾客心智中容易产生共鸣，建立优势位置——方太更专业，更懂中国厨房。

当然定位不仅仅是一句口号，这里面还有方方面面的战略配称。方太不但确立了优势位置，还围绕这个优势位置发展了一系列战略配称，比如推出很多高端的好产品，放弃低端产品。方太还是油烟机领域专利最多、投资研发最多的企业。现在，方太和西门子的实力对比已经完全逆转过来了。

没有定位机会，及早放弃

还有一种情况是大家更不愿意看到的，即找不到定位机会，无法重新定位对手，或者资源相差非常悬殊，没有胜算。遇到这种情况，尽早放弃也是一种大智慧。

这些年来，我们接待了许多创业者，碰到的非常多的情况是，太多的创业者容易陷入明知不可为而为之的状态。在中国传统文化中，孔子就是提倡这种精神，“知其不可而为之”。有些人到了这个状态以后，容易亢奋，给自己树立一种道德上至高无上、一往无前的孤胆英雄形象。实际上，作为创业者，一定要追求成果，不要去做无谓的牺牲。好多牺牲是无谓的，是对社会资源的一种巨大消耗。再厉害的人也经不起在一个错误的方向上一直折腾。如果没有定位机会，我们不要耗在那里，感觉好像还有钱可赚，好像市场份额还在增长，好像未来还会变，这些其实都是假象。

在前两年手机行业最火的时候，我们拒绝了相当多手机客户。有企业家说：难道你认为未来的手机就是苹果这样，行业不会改变吗？我说：会改变，但是机会不属于你。从定位的角度来看，市场竞争实际上是一种资格的竞争。针对竞争确立优势位置，这个位置是一种许可证、一种合法性。在中国，设计、制造手机的供应链已经非常完备了，只要有资金，很快就能造出一种质量、功能完全满足顾客需求的手机。但是，如果没有这个心智上的合法性，没有这种资质，就无法进入顾客的心智，只能低价卖，甚至低价都卖不掉。如果没有找到自己的定位机会，即使很有钱也不要贸然进入这个行业。

创业者判断自己有没有未来，唯一的标准是能不能针对竞争确定一个优势位置，能不能在这个优势位置上建立起主导地位。只有攻占了“上甘岭”，进入了无人区，事业才算起步，才有定价权。没有定价权、没有垄断一个定位的公司，是没有希望的。

社会的心智空间中存在着许许多多的定位机会。如果你是一种同质化的存在，那面对的顾客的头脑是极其有限的。但是，如果我们能够不断地改变结构，创造出一个个针对竞争的与众不同的优势位置，顾客头脑的容纳量就会比我们想象的要大得多。就像一间仓库，当我们完全无序地去堆货时，堆不了多少货仓库就满了；而当理货员有条有理地清理好以后，会发现大脑仓库里可以容纳相当多的成功。

微积分的发现者莱布尼兹也是17世纪最伟大的哲学家之一，他有一个著名的单子论。他认为，世界的本质是由无数个精神单子有序构成的，上帝是最高层的单子，每个单子都是完全不同的。祝愿每一位创业者都能寻找到自己与众不同的精神单子，针对竞争确立优势位置，在顾客头脑中攻占“上甘岭”，攻入无人区。